"A CULTURA A QUE TENHO DIREITO"
DIREITOS FUNDAMENTAIS E CULTURA

VASCO PEREIRA DA SILVA

Professor das Faculdades de Direito da Universidade de Lisboa
e da Universidade Católica Portuguesa

"A CULTURA A QUE TENHO DIREITO"
DIREITOS FUNDAMENTAIS E CULTURA

ALMEDINA

"A CULTURA A QUE TENHO DIREITO"
DIREITOS FUNDAMENTAIS E CULTURA

AUTOR
VASCO PEREIRA DA SILVA

PINTURA – CAPA
ALFREDO GARCÍA REVUELTA (Madrid, 1961)
«Marginador»
(Óleo sobre tela, 22 de Abril de 1991, colecção do autor)

EDITOR
EDIÇÕES ALMEDINA, SA
Avenida Fernão de Magalhães, n.º 584, 5.º Andar
3000-174 Coimbra
Tel.: 239 851 904
Fax: 239 851 901
www.almedina.net
editora@almedina.net

PRÉ-IMPRESSÃO • IMPRESSÃO • ACABAMENTO
G.C. – GRÁFICA DE COIMBRA, LDA.
Palheira – Assafarge
3001-453 Coimbra
producao@graficadecoimbra.pt

Setembro 2007

DEPÓSITO LEGAL
264396/07

Os dados e as opiniões inseridos na presente publicação
são da exclusiva responsabilidade do(s) seu(s) autor(es).

Toda a reprodução desta obra, por fotocópia ou outro qualquer processo,
sem prévia autorização escrita do Editor,
é ilícita e passível de procedimento judicial contra o infractor.

I

1 – A cultura do Direito. A Constituição como realidade cultural
2 – O direito à cultura no tempo e no espaço
   2.1 – O direito à cultura "na história". As diferentes "gerações" do direito à cultura
   2.2 – O problema dos distintos "níveis" de protecção dos direitos fundamentais (internacional, europeu e estadual). Opção pela perspectiva constitucional de tratamento do direito à cultura
3 – A Constituição Portuguesa da Cultura
   3.1 – Direito à Cultura e "Estado de Cultura"
   3.2 – O direito fundamental à cultura
      3.2.1 – A multiplicidade de "faces" do direito à cultura na Constituição Portuguesa (artigos 42.º, 73.º, n.º 1 e 3, 78.º, CRP). Direito ou Direitos Fundamentais? Constituição e *status culturalis*
      3.2.2 – Configuração jurídica do direito fundamental à cultura: sujeitos, conteúdo, limites e restrições, relações com outros direitos fundamentais
4 – O problema da natureza jurídica dos direitos fundamentais na Constituição Portuguesa. A dupla dimensão do direito fundamental à cultura como direito subjectivo e como estrutura objectiva da sociedade
   4.1 – Dimensão subjectiva: o direito subjectivo fundamental à cultura
   4.2 – Dimensão objectiva do direito fundamental à cultura
5 – O regime jurídico do direito à cultura na Constituição Portuguesa. Unidade ou diversidade?

6 – Do direito à cultura para o Direito da Cultura (Remissão)
6.1 – Direito Privado e Direito Público da Cultura
6.2 – Direito fundamental e relações jurídicas de cultura. Brevíssima referência às relações jurídicas multilaterais públicas de cultura (v.g. de criação literária e artística, das artes e dos espectáculos, de património cultural)

1 – A cultura do Direito. A Constituição como realidade cultural[1]

Entre o Direito e a Cultura existe uma espécie de "relação amorosa" (parafraseando uma feliz afirmação de MICHEL PRIEUR[2]), em que cada um dos pares "completa" o outro, com vantagens e benefícios recíprocos, na medida em que a "cultura obriga o direito a evoluir e o direito recompensa-a, tornando-a mais universal e democrática".[3]

Frutos dessa relação amorosa são, por um lado, a "Cultura do Direito", o entendimento do Direito (e, em particular, do Direito Constitucional) como fenómeno cultural, que necessita de ser compreendido e analisado de acordo com a(s) metodologia(s) própria(s) da(s) "ciência(s) da cultura" (HÄBERLE)[4]; por outro lado, o Direito da Cultura, o estudo dos fenómenos culturais segundo a metodologia própria da ciência jurídica

---

[1] O texto ora publicado corresponde à versão escrita da "Lição-síntese", apresentada em Provas Públicas de Agregação em Direito, 3.º Grupo, Ciências Jurídico-Políticas, na Universidade de Lisboa, no dia 1 de Junho de 2006.

[2] A afirmação de MICHEL PRIEUR refere-se, mais especificamente, às ligações entre a estética e o direito, considerando tratar-se de «relações *a priori* incongruentes, mas na verdade amorosas entre o direito e a estética» (MICHEL PRIEUR, «Préface», in JESSICA MAKOWIAK, «Esthétique et Droit», L.G.D.J., Paris, 2004, página V).

[3] Uma vez mais se parafraseia uma afirmação de PRIEUR (dando-lhe um sentido mais amplo e fazendo-a referir-se à cultura), segundo a qual «a estética obriga o direito a evoluir e o direito recompensa a estética universalizando-a e democratizando-a» (MICHEL PRIEUR, «Préface», cit., in JESSICA MAKOWIAK, «Esthétique et D.», cit., p. VI).

[4] Conforme escreve PETER HÄBERLE, tal corresponde à adopção de uma perspectiva de «"teoria da Constituição como ciência da cultura", distanciando-nos assim do discurso da moda, nos anos 60 e 70, que pretendia atribuir uma função científico-social às ciências jurídicas. O aspecto social é, certamente, um aspecto importante da cultura, tal como o político ou o económico, apesar de não se esgotar apenas nessa faceta da "realidade"» (PETER HÄBERLE, «Teoria de la Constitución como Ciencia de la Cultura», versão espanhola, Tecnos, Madrid, 2000, página 73).

(nos seus diferentes ramos, de que cumpre destacar, para o efeito do presente estudo, o Direito Constitucional da Cultura). Ora, tendo presente esta dupla dimensão da relevância cultural dos fenómenos constitucionais e da importância da cultura na lei fundamental, mal se compreende o escasso relevo dado, entre nós, quer à "Teoria da Constituição como Ciência da Cultura" quer ao Direito Constitucional Cultural[5].

Encontrar uma noção de cultura, tendo em conta a multiplicidade e a diversidade de concepções do mundo e da vida que ela pressupõe e implica, tanto em termos históricos como na actualidade, afigura-se constituir uma tarefa vã. Tanto mais quanto os vectores do "conflito" e da "integração" representam dimensões essenciais e permanentes de uma realidade múltipla e em constante transformação, como é a cultural, que não se compadece com lógicas imobilistas e (pretensamente) neutrais de natureza definitória. Nestes termos, definir a cultura apresenta-se mesmo como uma impossibilidade cultural, que remete a busca de uma qualquer noção única para "outros domínios", como o das "frases de calendário" ou o dos "talk-shows" televisivos – "uma definição de cultura dá direito a um frigorífico, ou a uma máquina de lavar loiça..."

Mas, se a impossibilidade de encontrar uma noção de cultura é da ordem do "ser", a impossibilidade da sua definição jurídica, numa democracia e num Estado de Direito, é também da ordem do "dever ser". Pois, o que compete ao Direito é a garantia da liberdade e a protecção dos direitos fundamentais à cultura, de pessoas e de instituições, o que implica tanto a proibição de "tomar partido" em discussões e querelas do foro cultural, como tem de significar também o afastamento de quaisquer "tentações" (totalitárias) de "instrumentalização" ou de "programação" das realidades culturais.

Afastada – por impossibilidade cultural e por imperativo jurídico – qualquer veleidade de definição, importa, no entanto, por razões de ordem prática, proceder antes a uma tentativa de delimitação "aberta" do âmbito da cultura, designadamente para efeito de aplicação das normas jurídicas

---

[5] Junto assim a minha voz à de Peter Häberle, fazendo "eco" das críticas e lamentos do autor, relativamente à Alemanha (mas – ainda mais – válidas também para Portugal), ao considerar que a temática cultural da Constituição e os problemas da «rubrica "Direito Constitucional Cultural" ocuparam, até agora, um espaço reduzido no seio de tais debates [constitucionais]» (Peter Häberle, «Teoria de la C. como C. de la C.», cit., p. 69).

que se lhe refiram[6]. A este propósito, julgo ser conveniente proceder à delimitação de três acepções possíveis (de âmbito progressivamente mais amplo) e "abertas" de cultura, juridicamente relevantes, que coexistem no espaço e no tempo:

   a) uma acepção mais restrita, que entende a cultura como uma realidade intelectual e artística – correspondente ao universo das "belas artes" e das "belas letras" – do passado, do presente e do futuro;
   b) uma acepção intermédia, que não compreende apenas o domínio da criação e da fruição intelectual e artística, mas que procede também ao respectivo relacionamento com outros "direitos espirituais" (BREILLAT)[7], nomeadamente os respeitantes à ciência, ao ensino e à formação[8];
   c) uma acepção mais ampla, que identifica a cultura como uma realidade complexa, enraizada em grupos sociais, agregados populacionais ou comunidades políticas, que conjuga nomeadamente elementos de ordem histórica, filosófica, antropológica, socio-

---

[6] Conforme escreve HÄBERLE, «o programa de uma "Teoria da Constituição como Ciência da Cultura" não deve simplesmente pressupor um conceito central de cultura, até porque (...) não é capaz de abarcar todo o seu amplo e variado polifacetismo, nem do ponto de vista material, nem sequer ao nível da mera definição» (PETER HAEBERLE, «Teoria de la C. como C. de la C.», cit., p. 24).

[7] Para utilizar a feliz expressão de DOMINIQUE BREILLAT, «Les Libertés de l'Esprit», in SERGE GUINCHARD / MIHÈLE HARICHAUX, «La Grand Oral: Protections des Libertés et des Droits Fondamentaux (Préparation au CRFPA)», 2.ª edição, Montchrestien, 2004, páginas 203 e seguintes.

[8] Segundo HÄBERLE, nesta acepção a cultura seria «aquela esfera em que o Estado, como tal, por um lado, e o mundo do pensamento, por outro, se encontram estreitamente relacionados de forma especial e íntima a um nível triplo: o da educação ou formação, o da ciência e o da criação artística». O que pode «assimilar-se à noção geral quotidiana de cultura existente na sociedade» (PETER HÄBERLE, «Teoria de la C. como C. de la C.», cit., p. 24), que procura identificar e conjugar os «fragmentos culturais (...) nos campos do saber, das artes, da educação ou da formação profissional» (HÄBERLE, «Teoria...», p. 32)

De referir, contudo, que a lógica de HÄBERLE, de distinguir apenas duas acepções de cultura (correspondentes às acepções intermédia e ampla, antes referidas), não é a de delimitar os possíveis sentidos juridicamente relevantes da ideia de cultura (como me propus fazer), mas antes a tentativa de determinação das acepções do universo cultural adequadas à compreensão da "teoria da Constituição como ciência da cultura" (PETER HÄBERLE, «Teoria de la C. como C. de la C.», cit., p. 24).

lógica, ou mesmo psicológica, aglutinados de acordo com três vectores orientadores, a saber: «tradição, inovação e pluralismo (leia-se abertura)». Neste sentido, em termos muito sintéticos e de acordo com esta acepção ampla, é possível afirmar que: «1) "cultura" é a mediação do que foi num momento determinado (aspecto tradicional); 2) "cultura" é o desenvolvimento posterior do que já foi, e é aplicável á própria transformação social (aspecto inovador); 3) "cultura" não é sempre sinónimo de "cultura", o que significa que um mesmo grupo humano pode desenvolver simultaneamente diversas culturas (aspecto pluralista de cultura)» (HÄBERLE)[9]. Daí decorrendo a necessidade de considerar esta tripla dimensão (tradição, inovação, pluralismo) dos fenómenos culturais (em sentido amplo) como o «horizonte orientador de qualquer dogmática à volta do Direito Constitucional Cultural, assim como de qualquer Teoria da Constituição como Ciência da Cultura» (HÄBERLE)[10].

Ora, qualquer destas acepções abertas (progressivamente mais amplas) de cultura é relevante do ponto de vista da ciência jurídica:

a) a acepção restrita é a mais operativa do ponto de vista jurídico, na medida em que corresponde, da minha perspectiva, ao objecto do direito fundamental à cultura, consagrado na Constituição portuguesa (vide os artigos 42.º, 73.º e 78.º CRP) – que assim deve ser distinguido de outros direitos fundamentais congéneres, designadamente do direito à ciência, ou ao ensino – assim como constitui também a acepção normalmente pressuposta pelo legislador ao regular o domínio específico do Direito da Cultura;

b) a acepção intermédia tem ainda a ver com o âmbito de aplicação das normas do Direito da Cultura, nomeadamente quando o legislador pretende relacionar as realidades (estritamente) culturais com as que se verificam ao nível de outras manifestações espirituais, que com aquelas se encontram intimamente conexionadas (como é o caso da ciência, do ensino, da expressão do pensa-

---

[9] PETER HÄEBERLE, «Teoria de la C. como C. de la C.», cit., p. 26.
[10] PETER HÄEBERLE, «Teoria de la C. como C. de la C.», cit., p. 26.

mento, da religião, e mesmo da cultura física e do desporto) – como faz, de resto, a própria Constituição, no capítulo (III) ao falar em "direitos e deveres culturais" (do título III referente a "direitos e deveres económicos, sociais e culturais"). Do que se trata, neste caso, da minha perspectiva, não é de uma intenção constituinte de (con)fundir vários direitos (v.g. o direito ao ensino, a liberdade de expressão) – com objecto e regras distintos do direito à cultura (v.g. o artigo 37.º, o artigo 43.º) – num só direito fundamental de "natureza cultural", mas antes da necessidade, imposta pela lei fundamental, de articulação e de coordenação das políticas públicas em matéria de "direitos espirituais", dada a respectiva interdependência jurídico-material, de modo a conseguir uma realização mais completa e efectiva não apenas de cada um desses mesmos direitos fundamentais como também da própria Constituição Portuguesa da Cultura;

c) a acepção mais ampla é a mais relevante (sobretudo) do ponto de vista jurídico-filosófico, uma vez que o entendimento da Constituição como realidade cultural e do Direito Constitucional como Ciência da Cultura obrigam a "ir além do próprio direito", em busca da "identidade cultural" dos fenómenos jurídicos. Pois, o objectivo da ciência jurídica é o de «criar, através do respectivo sistema normativo (que, por outro lado, é um dos componentes culturais), um marco coerente em que possa desenvolver-se a cultura do respectivo grupo político. A cultura assim entendida, num sentido muito mais amplo, representa o contexto de qualquer texto legal e de qualquer acção relevante juridicamente significativa num Estado constitucional» (HÄBERLE)[11]. Neste sentido, tanto a cultura do Direito como o Direito da Cultura implicam a adopção de um «conceito amplo, múltiplo e aberto de cultura», envolvendo a respectiva criação e consumo ou fruição – pois, aquela «actua no âmbito da vida quotidiana, ou seja, respeita tanto ao trabalho como ao ócio» –, e que comporta diferentes níveis, que vão do "superior" ao "popular", passando pelos da formação escolar, e incluindo também, nomeadamente, a "cultura alternativa", e a "anti-cultura" ou "sub-cultura"(HÄBERLE)[12].

---

[11] PETER HÄEBERLE, «Teoria de la C. como C. de la C.», cit., p. 26.
[12] PETER HÄEBERLE, «Teoria de la C. como C. de la C.», cit., p. 31.

Mas tal sentido amplo não deixa de ser também importante de uma perspectiva hermenêutica estrita, nomeadamente no domínio do Direito Internacional dos Direitos do Homem, em que a consagração de direitos culturais se destina a garantir a identidade colectiva de minorias, de povos, de nações (v.g. o artigo 27.º do Pacto Internacional de Direitos Civis e Políticos). Neste sentido, «a identidade cultural é habitualmente definida em oposição ou por confronto com outras culturas», sendo os direitos culturais «chamados a jogo em situações em que a cultura se encontra ameaçada ou em que necessita de competir pela liberdade ou pela subsistência em face de outras culturas – por outras palavras, quando falta a igualdade num contexto de diversidade cultural e multiculturalismo» (JÉRÉMIE GILBERT)[13].

Seja qual for a acepção que esteja em causa, as modernas constituições dos Estados democráticos e de direito implicam a garantia de «liberdade cultural, pluralismo e divisão (também cultural) de poderes», de acordo com o paradigma da "cultura aberta" para uma "sociedade aberta" (HÄBERLE)[14]. De resto, as próprias noções de democracia, de Estado de Direito e de Constituição são realidades culturais, que pertencem a um "arquétipo" ou "modelo" de organização do poder político característico do «acervo cultural do Ocidente» e que assume, em nossos dias, uma dimensão de «"legado cultural", um legado que é assumido de novo como pretensão de futuro, pelo que, uma vez alcançado, jamais deverá ser abandonado, mas antes – no mínimo – conservado e – no melhor dos casos – melhorado» (HÄBERLE)[15].

O entendimento do Direito Constitucional como ciência da cultura implica, portanto, a valorização não apenas do texto, mas também da rea-

---

[13] JÉRÉMIE GILBERT, «Cultural Rights», in RHONA K. M. SMITH / CHISTIEN VAN DEN ANKER, «Human Rights», Hodder Arnold, London, 2005, página 77. O autor refere-se, por isso, à «natureza dualista do direito à cultura nas "Declarações Internacionais de Direitos" ("International Bill of Rights"), pois, por um lado, os direitos culturais significam a protecção das artes e das ciências, por outro lado, os direitos culturais significam a protecção de culturas específicas e de grupos minoritários»(JÉRÉMIE GILBERT). Da minha perspectiva, contudo, não são apenas duas as acepções de cultura juridicamente relevantes, devendo antes falar-se em natureza multifacetada (ou polissémica) do direito à cultura.

[14] PETER HÄEBERLE, «Teoria de la C. como C. de la C.», cit., p. 31.
[15] PETER HÄEBERLE, «Teoria de la C. como C. de la C.», cit., p. 34.

lidade que lhe está subjacente, compreendendo simultaneamente a constituição formal e a material. Pois, a «Constituição não se limita a ser um conjunto de textos jurídicos ou um mero compêndio de regras normativas, mas é antes a expressão de um certo grau de desenvolvimento cultural, um modo de auto-representação próprio de um povo, espelho do seu legado cultural e fundamento da sua esperança e desejos» (HÄBERLE)[16]. Pode-se assim falar em "constituições de letra viva", que são, «tanto no fundo como na forma, expressão e instrumento mediador de cultura, marco reprodutivo e de recepções culturais, bem como repositório de futuras configurações culturais, experiências, vivências e saberes» (HÄBERLE)[17].

Relevantes para o Direito Constitucional são, portanto, não apenas as normas contidas na lei fundamental, mas também todas as respectivas "objectivações" e "cristalizações culturais", designadamente a regulação legislativa e regulamentar, a jurisprudência na sua evolução contínua (o que obriga a considerar tanto as posições dominantes como as minoritárias, os fundamentos das sentenças como os dos votos de vencido, a existência ou não de correntes jurisprudenciais), os costumes e as praxes administrativas, as posições (e as discussões) da doutrina jurídica, as actuações e as posições dos sujeitos intervenientes nos mais variados procedimentos e processos públicos, até mesmo os discursos políticos, as notícias dos meios de comunicação social, as reacções da opinião pública, as obras artísticas e literárias[18]. Todos estes (e tantos outros) factores jurídico--culturais necessitam de ser considerados e conjugados na interpretação (e na aplicação) da Constituição, a qual, numa "sociedade aberta", não deve ser vista como tarefa exclusiva de "juristas profissionais", antes deve caber à «sociedade aberta dos intérpretes da Constituição» (HÄBERLE)[19].

---

[16] PETER HÄEBERLE, «Teoria de la C. como C. de la C.», cit., p. 34. Acentuando a tripla dimensão de passado, presente e futuro das constituições materiais, HÄBERLE acrescenta ainda que «a identidade da Constituição pluralista» encontra-se «entre a tradição, o legado cultural e as experiências históricas, por um lado, e as esperanças, possibilidades reais e de configuração futura, por outro, o que pressupõe uma relação de dependência cultural de todo um povo, como se evidencia ao analisar o decurso de longos períodos de tempo» (HÄBERLE, «Teoria de la C. como C. de la C.», cit., p. 36).

[17] PETER HÄEBERLE, «Teoria de la C. como C. de la C.», cit., pp. 34 e 35.

[18] Para o aprofundamento da questão da relevância das "objectivações" ou "cristalizações culturais", vide PETER HÄEBERLE, «Teoria de la C. como C. de la C.», cit., mx. pp. 39 e ss..

[19] PETER HÄEBERLE, «Teoria de la C. como C. de la C.», cit., p. 42.

Só tendo em conta a norma e a realidade cultural envolvente – que o mesmo é dizer a Constituição em sentido formal e em sentido material – se consegue perceber que «o mesmo texto apresente diferentes conteúdos em cada uma das culturas em que surge», modificando-se e transformando-se «tanto em função do tempo como do espaço» (HÄBERLE)[20]. O que obriga a considerar a «"relatividade" de conteúdos dos textos normativos» como algo de inerente ao domínio constitucional, que decorre da sua própria natureza de «factor e de expressão cultural», e que conduz à necessidade de conceber a teoria da Constituição como uma disciplina «especialmente apta e necessitada do enriquecimento que lhe é trazido pela dimensão científico-cultural, uma vez que a sua meta não é outra senão a de abarcar integralmente a totalidade do ordenamento jurídico» (HÄBERLE)[21].

Em síntese provisória, pode-se afirmar que a "cultura do Direito Constitucional" é um factor determinante de interpretação e de aplicação das respectivas normas, pelo que não basta ao intérprete a adopção de uma perspectiva estritamente jurídica, antes necessita de a complementar com uma abordagem mais amplamente cultural da Constituição. A metodologia específica da ciência jurídica converge assim com os métodos próprios das ciências da cultura para a compreensão integral do Direito – e, em particular, do Direito Constitucional.

A necessidade de enquadramento cultural dos fenómenos jurídicos, com a consequente adopção de metodologias científicas de natureza interdisciplinar, é também corroborada e acentuada, em nossos dias, pelas visões do direito "como género literário" ("Law as literature"), ou "como manifestação musical" ("Law as music"), ou ainda "como arte dramática" ("Law as performative art"). O que é típico de modernas correntes jus-filosóficas como a denominada "teoria crítica" ("critical legal studies") ou concepção "pós-moderna do direito" ("postmodern jurisprudence") (v.g. WHITE, DOUZINAS, WARRINGTON, MCVEIGH, WARD, MINDA, LUEDERSSEN, LEVINSON, BALKIN)[22], que procuram «compreender o direito – e

---

[20] PETER HÄEBERLE, «Teoria de la C. como C. de la C.», cit., p. 45.
[21] PETER HÄEBERLE, «Teoria de la C. como C. de la C.», cit., pp. 46 e 53.
[22] JAMES BOYD WHITE, «Heracles' Bow. Essays on the Rhetoric and Poetics of the Law», University of Wisconsin Press, Madison, 1985; «Justice as Translation. An Essay in Cultural and Legal Criticism», The University of Chicago Press, Chicago, 1990; «The Edge of Meaning», University of Chicago Press, Chicago, 2001; COSTAS DOUZINAS / RONNIE WARRINGTON / SUSAN MCVEIGH, «Postmodern Jurisprudence – The Law of Text in the

os diversos planos de objectivação e de realização que lhe competem – mobilizando uma analogia determinante com os processos de criação, interpretação e comunicação-*uso* abertos pelos discursos literários [mas, o mesmo vale também para outras manifestações artísticas, como a música, o teatro, a ópera, o cinema] e pelos exercícios de *retextualização* que estes determinam» (AROSO LINHARES)[23].

Mas não deixa de ser curioso verificar também como o "novo" vai "ao encontro do velho". Uma vez que a dimensão do Direito como ciência cultural tem longas raízes e tradição histórica, nomeadamente no período da Idade Média, em que as ciências jurídicas não só eram ensinadas numa lógica "cultural integrada", conjugando o estudo das ciências e das artes (o *trivium* e o *quadrivium*), como também a própria interpretação e aplicação das normas jurídicas era tributária dos contributos provenientes das artes e das letras[24].

Texts of the Law», Routledge, London / New York, 1991; IAN WARD, «Law and Literature», in «Law and Critique» ("Springer Philosophy of Law Journal"), volume IV, n.° 1, 1993, páginas 43 e seguintes; «Introduction to Critical Legal Theory», 2.ª edição, Cavendish Publishing, London / Sidney / Portland, Oregon, 2004; GARY MINDA,«Postmodern Legal Movements: Law and Jurisprudence at Century's End», New York University Press, New York, 1995; KLAUS LUEDERSSEN, «Produktive Spiegelungen: Recht in Literatur, Theater und Film», 2.ª edição, Nomos, Baden-Baden, 2002; SANFORD LEVINSON / J. M. BALKIN, «Law, Music and other Performing Arts», in «University of Pennsylvania Law Review», volume n.° 139, 1991, páginas 1597 e seguintes; J. M. BALKIN, «Cultural Software: A Theory of Ideology», Yale University Press, Yale, 1998; J. M. BALKIN / SANFORD LEVINSON, «Law and Performance», in http://www.yale.edu/lawweb/jbalkin/articles/london21.htm, páginas 1 e seguintes; J. M. BALKIN / SANFORD LEVINSON, «Interpreting Law and Music: Performance Notes on "The Banjo Serenader" and "The Lying Crowd of Jews"», in «Cardozo Law Review», n.° 20, 1999, páginas 1513 e seguintes.

[23] JOSÉ M. AROSO LINHARES, «Entre a Reescrita Pós-Moderna da Juridicidade e o Tratamento Normativo da Diferença ou a Prova como um Exercício de "Passagem" nos Limites da Juridicidade (Imagens e Reflexos Pré-Metodológicos deste Percurso)», Boletim da Faculdade de Direito da Universidade de Coimbra – Studia Juridica, Coimbra, 2001, página 60. Vide também «O Logos da Juridicidade sobre o Fogo Cruzado do Ethos e do Pathos – Da Convergência com a Literatura (Law as Literature) à Analogia com uma Poiêsis-Technê de Realização ("Law as Musical and Dramatic Performance")», in «Boletim da Faculdade de Direito – Universidade de Coimbra», volume LXXX, Coimbra, 2004, páginas 59 e seguintes.

[24] Neste sentido, vide RUY DE ALBUQUERQUE «Para uma Revisão da Ciência Jurídica Medieval: a Integração da *Autorictas* Poética no Discurso dos Juristas (*Ars Inveniendis*), in «Revista da Faculdade de Direito da Universidade de Lisboa», vol. XLIII,

A visão do direito como "género literário" parte da consideração de que a missão primordial dos juristas é a interpretação de normas que se destinam a ser aplicadas, o que implica uma prévia análise do "texto" em todos os seus possíveis sentidos e contextos (históricos, actuais e futuros), em termos similares aos efectuados por teóricos ou por críticos literários, que apreciam as distintas "leituras" da "obra", procedendo ao respectivo enquadramento no espaço e no tempo. A aproximação das tarefas de juristas e de literatos (mas também das próprias atitudes do cidadão em face das normas jurídicas e dos leitores perante as obras literárias) conduz à superação das "querelas dos métodos" e à busca da «universalidade do aspecto hermenêutico» (GADAMER)[25].

Daí a tese segundo a qual «temos de ler o direito como uma espécie de literatura e temos de ler a literatura como uma espécie de direito» (BOYD WHITE)[26]. Pois, a interpretação das normas não deve corresponder a um «sistema institucional mecânico», em que o jurista adopta uma lógica formalista, exclusivamente preocupada com a «eficiência da operação», em vez de assumir a tarefa "criativa" de confrontar «as realidades da experiência humana e as dificuldades de falar delas, moldando-as através da linguagem» (BOYD WHITE)[27]. O papel do jurista consiste, assim, em lidar com os "arquétipos" sociais, elaborando uma espécie de "narrativa" destinada a uma concreta comunidade humana, a qual pode ser caracterizada como «um grupo de pessoas que conta uma história partilhada numa linguagem partilhada» (BOYD WHITE)[28].

---

n.º 2, 2002, páginas 935 e seguintes. De acordo com este autor, entre os séculos. XII a XV, era comum a «utilização pelos juristas medievais da *autorictas* dos historiadores, analistas, moralistas, filósofos, gramáticos, retóricos, agrimensores, naturalistas, poetas da Antiguidade – e da época – levando a admitir uma hermenêutica trans-literal, retórica, tópica e adopção de métodos diversificados na interpretação tos textos» (RUY DE ALBUQUERQUE «Para uma Revisão da C. J. M.: a I. da *A. P.* no D. dos J. (*A. I.*), in «Revista da F. de D. da U. de L.», cit., n.º 2, 2002, p. 961). Método este que pode bem ser considerado como uma abordagem pioneira e antecipatória da actual concepção do "Direito como poesia".

[25] HANS-GEORG GADAMER, «Verité et Méthode – Les Grandes Lignes d'une Herméneutique Philosophique» (versão francesa), Éditions du Seuil, Paris, 10976, página 11.

[26] JAMES BOYD WHITE, «Heracles' B. E. on the R. and P. of the L.», cit., pp. 122 e 123.

[27] BOYD WHITE, «The Edge of M.», cit., p. 222.

[28] JAMES BOYD WHITE, «Heracles' B. E. on the R. and P. of the L.», cit., pp. 173 e 175.

Mas o Direito "existe para ser aplicado", sendo necessário fazer corresponder o "texto" à "realidade" da vida. Assim, à semelhança do "tradutor", cuja função consiste em verter um determinado texto numa "outra língua", de modo a que ele mantenha o sentido originário – e, tanto quanto possível, uma configuração formal equivalente – na sua nova codificação linguística, também o juiz vai fazer corresponder normas e factos, ligando uns e outros no contexto (sempre) "novo" da aplicação jurídica. "Dizer o direito no caso concreto" consiste, portanto, em fazer coincidir a "linguagem das normas" com a "linguagem da sociedade", o que aproxima juristas e tradutores, possibilitando a compreensão da "Justiça como tradução" ("justice as translation") (BOYD WHITE)[29].

Da literatura para a música ("law as music") e para as artes dramáticas ("law as performative art") a comparação entre fenómenos jurídicos e culturais permite realçar ainda mais o papel criador do "intérprete" – seja ele musical ou jurídico –, assim como introduz a lógica do "público" – esteja ele na "sala de espectáculos", na "sala de audências" ou consista mesmo na própria comunidade inteira. Daí a tendência para buscar «a analogia com as artes interpretativas ("performing arts") – música e teatro ("music and drama") – e com as colectividades e instituições» que as realizam, substituindo «o estudo do direito como literatura pelo mais geral estudo do direito como arte do "espectáculo" ("law as performing art") (BALKIN / Levinson)[30].

E isto por duas ordens de razões. Em primeiro lugar, porque uma coisa é o "direito legislado" ("law on the books"), outra coisa é «a prática social do direito ("the social practice of law"), da mesma maneira como a música numa página não equivale à prática social da música. O direito e a música implicam a transformação da tinta da página em comportamentos de pessoas ("enacted behaviour of others"). Em termos relevantes, *só* existe "direito (ou música, ou drama) em acção", em contraste com a poesia ou a ficção, cujos textos não requerem uma representação ("performance"), mas podem ser lidos silenciosamente por cada um (BALKIN /

---

[29] BOYD WHITE, «Justice as T.. An E. in C. and L. C.», cit. pp. 229 e ss..
[30] J. M. BALKIN / SANFORD LEVINSON, «Law and P.», cit., in http://www.yale.edu/lawweb/jbalkin/articles/london21.htm, cit., p. 1. Vide também J. M. BALKIN / SANFORD LEVINSON, «Interpreting L. and M.: P. N. on "The B. S." and "The L. C. of J."», cit., in «Cardozo L. R.», cit., pp. 1513 e ss..

LEVINSON)[31]. Ao "interpretar" as normas jurídicas, "executando" a transformação do "direito legislado" em "direito em acção", o jurista desempenha, portanto, um papel singular e criativo, de determinação da lei aplicável às concretas situações da vida.

Em segundo lugar, «tal como a música e o teatro, o direito tem lugar perante uma audiência pública em relação à qual o intérprete tem especiais responsabilidades. Os intérpretes – legais, musicais e dramáticos – têm de convencer os demais da "legitimidade" da visão (pessoal) da obra que apresentam ("must persuade others that the conception of the work put before them is, in some sense, authoritative"). E, quer a sua interpretação seja convincente, quer não, ela produz efeitos na audiência» (BALKIN / / LEVINSON)[32]. Daí que, apesar de singular e criativa, a interpretação do jurista corresponda à exteriorização de uma regra, adquirindo uma ineliminável dimensão de "publicidade", típica das modernas "sociedades técnicas e de massas" (ROGÉRIO SOARES)[33]. Em especial, no que concerne ao juiz, a "execução artística" levada a cabo pelo "intérprete" produz simultaneamente efeitos jurídicos e de facto, já que, por um lado, regula a situação jurídica do caso ao mesmo tempo que se repercute na globalidade do ordenamento jurídico, por outro lado, tanto produz efeitos imediatos em relação aos casos trazidos a juízo como tem consequências directas na vida da sociedade.

A aproximação da "arte do direito" às demais manifestações artísticas e culturais pode, de resto, assumir uma multiplicidade de configurações. Pela parte que me toca, para além da busca de um discurso jurídico capaz de estabelecer um diálogo constante com as artes e as letras[34], tenho ensaiado também algumas experiências, tanto científicas como pedagógicas, designadamente:

---

[31] J. M. BALKIN / SANFORD LEVINSON, «Law and P.», cit., in http://www.yale.edu/lawweb/jbalkin/articles/london21.htm, cit., p. 1.

[32] J. M. BALKIN / SANFORD LEVINSON, «Law and P.», cit., in http://www.yale.edu/lawweb/jbalkin/articles/london21.htm, cit., p. 1.

[33] ROGÉRIO SOARES, «Direito Público e Sociedade Técnica», Atlântida, Coimbra, 1969.

[34] Tentativa de "diálogo" com outras manifestações artísticas e culturais que começa pela escolha dos títulos e que continua no desenvolvimento das obras, seja pelo recurso à exemplificação e à comparação, seja pela forma de escrita (v.g. VASCO PEREIRA DA SILVA, «Em Busca do Acto Administrativo Perdido», Almedina, Coimbra, 1996).

— de abordagem do "direito como culinária", na experiência pedagógica, que costumo realizar com os meus alunos da disciplina de "Direito Administrativo", de ensinar o poder discricionário da Administração através da elaboração (virtual) de uma receita gastronómica. Do que se trata é de escolher uma receita culinária (diferente, de ano para ano), de modo a ilustrar todos os passos necessários para a aplicação de normas ("receitas") ao caso ("prato") concreto pela Administração ("cozinheiro"), que vão desde a leitura e interpretação da norma ("receita") à decisão ("cozinhado"), passando pela selecção e instrução dos factos ("escolha e aquisição dos ingredientes") relevantes, pela avaliação e composição dos interesses envolvidos ("mistura e combinação dos ingredientes"). A fim de demonstrar que, em todos esses momentos, existe uma "margem de apreciação" (v.g. "cozer em banho-Maria", "deixar alourar") e "uma margem de decisão" (v.g. "deitar sal e pimenta a gosto"), dependente de "escolhas" que são da responsabilidade da Administração (do "cozinheiro"), as quais, nuns casos, têm apenas que ver com o mérito relativo da decisão ("melhor ou pior confecção do prato"), noutros, mais graves, são geradoras de ilegalidade da decisão (v.g. "prato queimado", "intoxicação alimentar"). Pois, o poder criador da Administração – mas o mesmo vale, *mutatis mutandis*, relativamente à actuação do cozinheiro – «tanto pode respeitar à determinação do sentido da lei, como ainda, e em simultâneo com ela, à própria escolha da conduta a tomar, não havendo ruptura mas continuidade entre estas duas operações de concretização do direito. O poder discricionário não é assim nenhuma realidade extra-jurídica, mas algo que se enxerta no processo de reconstituição, que é a interpretação e aplicação do direito»[35];

— de entendimento do "direito como cinema", procurando analisar o "direito nos filmes" e os "filmes no direito" (GREENFIELD / / OSBORN / ROBSON)[36]. Abordagem do "direito como cinema" que

---

[35] VASCO PEREIRA DA SILVA, «Verde Cor de Direito. Lições de Direito do Ambiente», Almedina, Coimbra, 2002, páginas 78 e 79. Vide também «Em Busca do Acto Administrativo Perdido», Almedina, Coimbra, 1996, páginas 85 e seguintes.

[36] STEVE GREENFIELD / GUY OSBORN / PETER ROBSON, «Film and the Law», Cavendish Publishing, London / Sidney, 2001. Vide também MIGUEL ÁNGEL PRESNO LINERA /

releva tanto do ponto de vista da dogmática jurídica como do pedagógico, e que decorre da utilização de "filmes jurídicos" ("Law films") como objecto e como instrumento de ensino das ciências jurídicas. Tal como procuro fazer com a utilização de "filmes jurídico-ambientais" no ensino do Direito do Ambiente[37];
– da visão do "direito como psicanálise", que decorre da concepção do direito como "ciência da cultura", recorrendo aos métodos (neste caso) da "psicanálise cultural" (mas podendo ser feito igualmente uso dos métodos próprios de quaisquer outras ciências, mormente as culturais). À semelhança da tentativa, que procurei realizar, de conciliação do processo administrativo e da psicanálise, analisando a evolução do Contencioso Administrativo até aos nossos dias, a fim de criar as condições para a sua (consequente e imperiosa) renovação dogmática. O que implicou «submeter o Contencioso Administrativo a sessões de psicanálise cultural, de modo a permitir a rememoração dos factos traumáticos – primeiro, os mais antigos e, para isso, sentou-se o paciente no divã da História, depois, os mais recentes, tendo ele sido igualmente sentado nos divãs da Constituição e da Europa – a fim de permitir a catarse, auxiliando o Processo Administrativo a enfrentar saudavelmente as realidades do presente»[38].

De resto, mil e uma combinações são úteis e desejáveis, num sem mais acabar de possibilidades de aproximação, de entrosamento e de hibridização de perspectivas jurídicas e culturais. Mas, sendo essa a situação em tese geral, a dimensão cultural do direito torna-se ainda mais importante e decisiva no domínio do Direito Constitucional[39], que visa o esta-

---

/ BENJAMIN RIVAYA, «Una Introducción Cinematográfica al Derecho», Tirant lo Blanch, Valência, 2006.

[37] VASCO PEREIRA DA SILVA, «Ensinar Verde a Direito. Metodologia do Ensino do Direito do Ambiente (em "Ambiente de Bolonha")», Almedina, Coimbra, 2006, páginas 237 e seguintes.

[38] Vide VASCO PEREIRA DA SILVA, «O Contencioso Administrativo no Divã da Psicanálise. Ensaio sobre as Acções no Novo Processo Administrativo», Almedina, Coimbra, 2005, página 5.

[39] Vide J. J. GOMES CANOTILHO, «"Brancosos" e Interconstitucionalidade – Itinerários dos Discursos sobre a Historicidade Constitucional», Almedina, Coimbra, 2006,

belecimento das regras essenciais do estatuto jurídico do poder, dos cidadãos e da sociedade.

Multiplicam-se assim, em nossos dias, as abordagens culturais do Direito Constitucional, como é o caso do denominado "constitucionalismo pós-moderno" ("postmodern constitutionalism")[40]. Ponto de partida desta orientação é, desde logo, a necessidade de ter em conta as profundas transformações sociais actualmente verificadas, já que «a era pós-moderna é um período de práticas industriais e de mecanismos de organização e de produção de massa aplicados não apenas a objectos materiais (como automóveis), mas também a produtos do espírito – arte e música, conhecimento e informação, contabilidade e outras indústrias de serviços» (BALKIN)[41]. Transformações essas que não podiam deixar de ser juridicamente relevantes e que obrigam os constitucionalistas a compreender «o pós--modernismo [,] porque precisam de entender as mudanças culturais que aconteceram à sua volta na arte, na política, na tecnologia e na economia. [Pois], da mesma maneira como não é possível entender o modernismo sem entender a revolução industrial e o conjunto de mudanças tecnológicas e culturais que o acompanharam, também não se pode entender o pós-modernismo sem compreender as mudanças tecnológicas e culturais produzidas na sociedade, que o acompanharam» (BALKIN)[42].

---

onde questões novas, como as do constitucionalismo global ou a ideia de "governance", são discutidas segundo uma perspectiva multidisciplinar de "interconstitucionalidade". Sirva de exemplo a seguinte passagem, em que o autor confessa que «as páginas que vão ler misturam ironia com angústia, espanto com abertura. Escritos sob a influência da leitura do livro de CASS SUNSTEIN – *republic.com* – elas pretendem sugerir que as traves mestras do constitucionalismo poderão estar perante uma total mudança de paradigmas. Como iremos ver, o constitucionalismo estatal parece enclausurado em "Linhas Maginot", com fronteiras, subterrâneos, casamatas e trincheiras, quando o envolvimento pelos *Netyzen* e pelos *Cyborgs* se situa algures nas comunidades virtuais. É bem de ver que esta apreciação ao tópico de hoje é apenas literária. Mas vale a pena pensar» (CANOTILHO, «Brancosos" e I. – I. dos D. sobre a H. C.», cit., p. 335).

[40] Vide J. M. BALKIN, «What is a Postmodern Constitutionalism?», in «Michigan Law Review», 1992, páginas 1 e seguintes; PAUL BREST / SANFORD LEVINSON / J. M. BALKIN / A. REED AMAR, «About Process of Constitutional Decisionmaking», 4.ª edição, Aspen Publishers, 2000.

[41] J. M. BALKIN, «What is a Postmodern C.?», cit., in «Michigan L. R.», cit., 1992, p. 9.

[42] J. M. BALKIN, «What is a Postmodern C.?», cit., in «Michigan L. R.», cit., 1992, pp. 11 e 12.

Impõe-se, assim, ao «constitucionalismo pós-moderno» saber «em que medida é que as mudanças ao nível da tecnologia, da comunicação e da organização da vida e do trabalho mudaram o modo público de entendimento e da prática do direito, da Constituição, dos direitos humanos, da democracia?» Ou saber «como é que os diversos actores sociais relacionados com a Constituição (advogados, juízes, académicos, legisladores, cidadãos) compreendem as formas e as práticas de auto-governo democrático à luz das mudanças culturais ocorridas no período pós-moderno e o que devem fazer para responder a essas mudanças?» (BALKIN)[43]. Ou ainda, para adoptar uma formulação mais sintética, «saber como é que a cultura e a tecnologia pós-modernas afectaram o direito como instituição»? (BALKIN)[44].

Numa primeira tentativa de proceder ao elenco das principais transformações tecnológicas necessitadas de resposta jurídico-constitucional, podem-se destacar os seguintes exemplos:

a) as alterações de funcionamento das instituições democráticas decorrentes da «mediatização [, que] modificou substancialmente os termos do debate público». Pois, verificou-se um «movimento dos jornais para a televisão» (BALKIN)[45], tanto no que respeita à formação da opinião pública como à criação de um espaço privilegiado de "luta política", como ainda à preparação e divulgação da tomada de decisões por parte dos poderes públicos. O que, entre outras coisas, implicou alterações quer da lógica do "discurso político" (tendo-se generalizado, designadamente, o "marketing político", os "sound bites", os "pseudo-eventos", os "escândalos públicos"), quer dos próprios processos decisórios públicos (que tendem a interagir com os meios de comunicação social);

b) as «mudanças tecnológicas que afectam a percepção e a participação do público no direito». Pois, para além das alterações antes

---

[43] J. M. BALKIN, «What is a Postmodern C.?», cit., in «Michigan L. R.», cit., 1992, p. 12.
[44] J. M. BALKIN, «What is a Postmodern C.?», cit., in «Michigan L. R.», cit., 1992, p. 13.
[45] J. M. BALKIN, «What is a Postmodern C.?», cit., in «Michigan L. R.», cit., 1992, p. 13.

referidas ao nível dos comportamentos das instituições, encontra-se igualmente modificada a visão que os particulares têm do respectivo funcionamento, o que conduz ao surgimento, «por analogia com o fenómeno dos "sound bytes", [d]o conceito de "law bites", ou de símbolos do sistema jurídico que se tornaram a moeda cultural comum da generalidade do público» (BALKIN)[46];

c) a «industrialização da produção jurídica», que deu lugar à instalação de um «modelo quasi-industrial» (BALKIN)[47] de funcionamento dos tribunais a fim de dar resposta à avassaladora "massa de processos" (v.g. simplificação e agilização processuais, limitação de recursos, contratação de assessores de juízes)[48]. E que desencadeou também similar "industrialização" da prática da advocacia (v.g. concentração de sociedades de advogados à escala nacional e internacional, processos de recrutamento de estagiários e de assalariados);

d) as «mudanças tecnológicas que afectam a privacidade e facilitam a vigilância [dos cidadãos] tanto por parte do Estado como das organizações privadas»(BALKIN)[49]. Posto que a generalização do uso quotidiano de meios electrónicos e digitais – por exemplo, as câmaras de vigilância, os bancos de dados, a internet, as formas de pagamento electrónico, os telemóveis, os aparelhos miniaturizados de gravação e reprodução de imagem e som – trouxe consigo novas ameaças aos direitos fundamentais, necessitadas de uma resposta juridicamente adequada. Ameaças aos direitos fundamentais que, por vezes, encontram mesmo novas "fontes de legitimação" em face de fenómenos como os da violência urbana,

---

[46] J. M. BALKIN, «What is a Postmodern C.?», cit., in «Michigan L. R.», cit., 1992, p. 16. E o autor acrescenta, mais adiante, que «a mediatização do direito cria oportunidades de manipulação de formas simbólicas, adulteração e espectáculo» até então inexistentes (p. 18).

[47] J. M. BALKIN, «What is a Postmodern C.?», cit., in «Michigan L. R.», cit., 1992, p. 19.

[48] Sobre os problemas e os desafios que as mudanças tecnológicas colocam aos modernos tribunais, vide KATIA FRANKO AAS, «Sentencing in the Age of Information: from Faust to Macintosh», Glosshouse Press, London / Sidney / Portland, Oregon, 2005.

[49] J. M. BALKIN, «What is a Postmodern C.?», cit., in «Michigan L. R.», cit., 1992, pp. 18 e 19.

do terrorismo global ou das "bombas humanas", geradores de sentimentos acrescidos de insegurança por parte dos cidadãos;
e) os progressos verificados ao nível da genética e das biotecnologias que, por um lado, se traduzem em extraordinários benefícios para a saúde e a qualidade de vida dos indivíduos, mas que, por outro lado, podem gerar igualmente novas e mais intensas ameaças à dignidade da pessoa humana.

Todas estas – e muitas outras – transformações tecnológicas, sociais e culturais das sociedades pós-modernas obrigam a repensar e a reconstruir o Direito Constitucional, a todos os níveis, nomeadamente dos princípios, das normas e das instituições, do procedimento, da legitimação, da linguagem, da metodologia... Mas, se isto contribui para mostrar a relevância da cultura para o Direito – e, em especial, para o Direito Constitucional – (não apenas ao nível metafórico, da analogia ou das técnicas utilizáveis, mas também dos contributos metodológicos de outras artes e ciências), tal não pode nunca significar o afastamento da especificidade dos fenómenos jurídicos ou da autonomia das respectivas ciências.

Do que se trata é da melhor compreensão do Direito enquanto arte (ou, mais restritamente, como técnica) e enquanto ciência e não da «dissolução do jurídico», pois este representa um «projecto humano autónomo – mas também (...) um compromisso civilizacional inconfundível» (AROSO LINHARES)[50]. Daí a necessidade (e a dificuldade) em conciliar cultura e direito, evitando simultaneamente os riscos de «"colonização" funcional protagonizadas pelos sistemas político e económico», ou «pelas instâncias ideológico-culturais (sem excluir a esfera cultural *ciência*)», em busca de uma «*alternativa humana* para o *modus operandi* finalístico-estratégico» (AROSO LINHARES)[51]. Tal é o papel que cabe à «comunidade científica de intérpretes do Direito Constitucional», cuja tarefa consiste, por um lado, em reunir e interpretar os factores culturais, por outro lado, em elaborar as construções especificamente jurídicas («hermenêutica jurídica»), actuando

---

[50] JOSÉ M. AROSO LINHARES, «Entre a Reescrita P.-M. da J. e o T. N. da D. ou a P. como um E. de "P." nos L. da J. (I. e R. P.-M. deste P.)», cit., in «Boletim da F. de D. da U. de C. – S. J.», cit., p. 133.

[51] JOSÉ M. AROSO LINHARES, «Entre a Reescrita P.-M. da J. e o T. N. da D. ou a P. como um E. de "P." nos L. da J. (I. e R. P.-M. deste P.)», cit., in «Boletim da F. de D. da U. de C. – S. J.», cit., pp. 133 e 134.

«simultaneamente como *ciência e literatura* (...), e como *processo cultural de produção e de recepção*» (HÄBERLE)[52].

Isto porque «sem intérpretes constitucionais, no sentido mais restrito do termo, e sem as respectivas destrezas e habilidades no domínio jurídico, não é possível construir qualquer tipo de Estado constitucional como factor disciplinador da sociedade aberta» (HÄBERLE)[53]. Já que «é precisamente através da inter-relação efectiva entre os textos constitucionais, no seu sentido mais restrito, (...) com o seu outro sentido constitucional cultural, muito mais amplo, que se forma a imagem completa sobre a qual se estruturam basicamente os conteúdos da sociedade aberta» (HÄBERLE)[54]. Assim, «se é certo que os textos jurídicos necessitam de ser aclarados, aprofundados, e ampliados mediante o recurso aos seus próprios contextos culturais, nem por isso deixam de ser, sob nenhum aspecto, textos jurídicos»[55], não podendo, por isso mesmo, "deixar-se afundar" «no oceano da cultura» (HÄBERLE)[56].

Em provisória síntese, é necessário considerar que o Direito é um fenómeno cultural, que plasma os valores da comunidade e os torna vigentes num determinado momento e local, mas que é também uma realidade autónoma, consubstanciada em normas e em princípios jurídicos, dotados de uma lógica e de uma dinâmica próprias. Pelo que é de exigir ao Direito Constitucional que seja capaz de considerar simultaneamente valores, factos e normas, na interactividade e reciprocidade do seu relacionamento complexo, conjugando dimensões éticas, artísticas, técnicas e científicas, no âmbito de uma compreensão simultaneamente cultural e jurídica dos fenómenos constitucionais.

---

[52] PETER HÄBERLE, «Teoria de la C. como C. de la C.», cit., pp. 59 e 60. Conforme esclarece (mais adiante) HÄBERLE, «a teoria da constituição encontra-se implicada tanto em processos de produção – recepção, como noutros de recepção e de nova produção» (61). Uma vez que «o cidadão que apresenta um recurso de amparo é tão participante na decisão final como o próprio Tribunal Constitucional ao emitir a sentença, ou como o especialista em doutrina constitucional ao comentá-la, ou como a opinião pública ao assumi-la e manifestá-la a nível científico, político e cultural» (HÄBERLE, «Teoria de la C. como C. de la C.», cit., pp. 61 e 62).
[53] PETER HÄBERLE, «Teoria de la C. como C. de la C.», cit., p. 104.
[54] PETER HÄBERLE, «Teoria de la C. como C. de la C.», cit., p. 104.
[55] PETER HÄBERLE, «Teoria de la C. como C. de la C.», cit., p. 73.
[56] PETER HÄBERLE, «Teoria de la C. como C. de la C.», cit., p. 104.

2 – O direito à cultura no tempo e no espaço

2.1 – *O direito à cultura "na história". As diferentes "gerações" do direito à cultura*

As constituições "vivas" caracterizam-se pela "abertura no tempo", pois o respectivo conteúdo material vai sendo – quotidiana e renovadamente – concretizado e recriado em cada momento histórico, enquanto resultado circunstancial de uma constante (e ineliminável) relação de "amor /ódio", ou de "conflito /compromisso", entre valores, princípios, normas jurídicas e realidade constitucional, em estado de permanente evolução. Assim, a Constituição não é apenas o resultado de determinadas circunstâncias históricas, como também a forma de reagir sobre elas, pelo que é a si mesma que lhe compete a tarefa de ir construindo (ou não, no caso das constituições "falhadas") a própria História.

Neste "jogo constitucional" de interacções permanentes verifica-se, então, um entrecruzamento entre a "História (pública)" e as "histórias (privadas)", uma vez que, num Estado democrático e de direito, a Constituição vai sendo diariamente construída e vivificada por todos e cada um dos cidadãos que – à semelhança do "bourgeois gentilhomme", de Molière – "passam a vida inteira a fazer Direito Constitucional sem o saber"... Relacionamento entre "a História" e "as histórias" da Constituição que é particularmente evidente no domínio dos direitos do Homem ou dos direitos fundamentais, nos quais se manifestam – de "forma vital" – tanto as situações de confronto/encontro entre indivíduo e colectividade, como os problemas de conflito/cooperação entre valores, normas e factos.

Importa assim considerar os direitos fundamentais, enquanto modo de efectivação do princípio da dignidade da pessoa humana na História, simultaneamente nas perspectivas axiológica e histórica. Pois, «a dimensão histórica dos direitos humanos constitui uma forma de realização da sua dimensão axiológica, uma vez que os princípios ético-jurídicos ligados à realização da dignidade da pessoa humana assumem uma configuração histórica concreta numa determinada comunidade, num momento dado. A perenidade dos direitos do Homem, enquanto exigências de realização integral da dignidade da pessoa humana, não impede, pois, a circunstancialidade da sua concretização num local e numa época determinados»[57].

Uma "chave de leitura" possível da conjugação destas dimensões axiológica e histórica é procurar relacionar a(s) história(s) das posições subjectivas de vantagem dos particulares com a do Estado e a da Constituição, mediante o recurso à ideia das "gerações" de direitos fundamentais. Neste sentido, as "gerações" de direitos fundamentais seriam a manifestação da historicidade da dignidade da pessoa humana em cada uma das etapas da evolução do Estado e da Constituição, nomeadamente, através da correspondência entre os "direitos da primeira geração" e os modelos de Estado e de Constituição Liberal, os da "segunda geração" e os de Estado e de Constituição Social e os da "terceira geração" com os de Estado e de Constituição Pós-Social.

Mas, para falar em gerações de direitos fundamentais, é preciso esclarecer, primeiro, aquilo que se entende por cada um desses termos, de modo a evitar "ruídos de comunicação", resultantes da atribuição de sentidos diferentes (e, nalguns casos, mesmo antagónicos) a uma denominação (aparentemente) comum. Assim, «em minha opinião, falar em gerações de direitos humanos pode ser uma noção equívoca, se utilizada no sentido determinista de evolução de estádios inferiores para outros mais desenvolvidos, que se substituem uns aos outros – que o mesmo é dizer, em termos metafóricos, se se encarar esta questão como um fenómeno de "luta de gerações". Da mesma maneira que pode ser uma noção incorrecta, se entendida num sentido objectivista, considerando que as "novas" gerações já não têm que ver com direitos das pessoas, individualmente consideradas, antes com aspirações colectivas, comunitárias ou dos povos[58]».[59]

---

[57] VASCO PEREIRA DA SILVA, «Verde Cor de Direito – Lições de Direito do Ambiente», Almedina, Coimbra, 2002, páginas 21 e 22.

[58] Crítica desta assimilação dos direitos dos povos aos direitos do Homem é também a posição de Jorge Miranda, ainda que o autor identifique os direitos de "terceira geração" com os "direitos dos povos", em termos que se afastam da orientação que defendo. Vide JORGE MIRANDA, «Manual de Direito Constitucional – Direitos Fundamentais», tomo IV, 2.ª edição, Coimbra Editora, 1993, páginas 62 e seguintes.

[59] VASCO PEREIRA DA SILVA, «Verde C. de D. – L. de D. do A.», cit., p. 22. Em sen-

De resto, distintas são também as "árvores genealógicas" em matéria de direitos fundamentais. Assim, há os que distinguem entre «os direitos de liberdade, os direitos de prestação (igualdade) e os direitos de solidariedade. Estes últimos direitos, nos quais se incluem o direito ao desenvolvimento, o direito ao património comum da humanidade pressupõem o dever de colaboração de todos os Estados e não apenas o actuar activo de cada um e transportam uma dimensão colectiva justificadora de um outro nome dos direitos em causa: direitos dos povos» (CANOTILHO). Tal como há também os que se referem a quatro gerações de direitos fundamentais, entendendo que «a primeira seria a dos direitos de liberdade (...), a segunda seria a dos direitos democráticos de participação política, a terceira seria a dos direitos sociais e dos trabalhadores, a quarta seria a dos direitos dos povos» (CANOTILHO)[60].

Pela minha parte, não me revejo nestas "famílias" de direitos fundamentais nem considero correcta a elaboração das respectivas "árvores genealógicas". Para mim, os direitos fundamentais (como, de resto, quaisquer outros direitos subjectivos) são posições jurídicas de vantagem de pessoas concretas e determinadas (ainda que possam ser consideradas tanto individualmente como integradas num grupo), não são realidades objectivas desprovidas de sujeito(s), pertença de todos e de ninguém – à semelhança das "pombinhas da Cat'rina", que "andam de mão em mão" e "são de quem as apanhar". Não há que confundir o direito objectivo com os direitos subjectivos, pois, conforme escreve HENKE, «o direito que existe independentemente da minha pessoa (...) é, como é óbvio, algo diferente do meu direito, que eu tenho relativamente a outrém»[61]. Assim, a solidariedade, o desenvolvimento, a tutela do património comum da Humanidade, entre outros, constituem princípios objectivos essenciais da ordem jurídica internacional, mas não são direitos humanos; integram o direito objectivo e criam tarefas a cargo do Estado e de entidades públicas, mas não conferem direitos subjectivos aos indivíduos.

---

tido próximo, vide JOHN RAWLS, «O Direito dos Povos» (tradução), Martins Fontes, São Paulo, 2001, mx. páginas 102 e seguintes.

[60] GOMES CANOTILHO, «Direito Constitucional e Teoria da Constituição», 7.ª edição, Almedina, Coimbra, 2003, página 386.

[61] WILHELM HENKE, «Das subjektive Recht im System des oeffentlichen Rechts», in «Die oeffentliche Verwaltung», n.º 17, Agosto de 1980, página 622.

Esclarecidas estas "questões de família", não obstante, julgo continuar a valer a pena utilizar a designação de gerações de direitos fundamentais. Isto, porque «falar em gerações de direitos humanos é (...) um conceito útil, se elas forem consideradas como momentos históricos de realização dos direitos dos indivíduos. As gerações representariam, assim, a dimensão da historicidade dos direitos humanos, mostrando como a matriz comum dessas posições subjectivas se vai concretizando ao longo do tempo, conduzindo ao progressivo aprofundamento e desenvolvimento das formas de realização da dignidade da pessoa humana»[62]. Da mesma maneira como, «entendidas desta forma, as gerações de direitos que se vão sucedendo não põem em causa o legado histórico das anteriores, nem pretendem substituir-se umas às outras, tal como não perdem a sua dimensão individual, antes constituem estádios sucessivos de aprofundamento e de desenvolvimento dos direitos do Homem. Usando a metáfora de há pouco, o que está aqui em causa não é um fenómeno de "luta", ou de "confronto", mas sim de "convívio de gerações" de direitos do Homem»[63].

Assim, de acordo com a "árvore genealógica" que proponho, ligando gerações de direitos e modelos de Estado e de Constituição, haveria a considerar:

1) que «com o modelo de Estado Liberal, e no quadro de uma filosofia não intervencionista dos poderes públicos na vida da sociedade, surge a primeira geração dos direitos humanos, que inclui as liberdades individuais e os direitos civis e políticos (v.g. a liberdade de expressão, a liberdade religiosa, o direito de propriedade privada, o direito de voto)[64]. Em causa estava a protecção dos indivíduos contra o Estado, que obrigava à abstenção dos poderes públicos na esfera (ironizando, poder-se-ia mesmo falar nos "domínios") das pessoas garantidos pelos direitos fundamentais»[65];

---

[62] VASCO PEREIRA DA SILVA, «Verde C. de D. – L. de D. do A.», cit., p. 22.

[63] VASCO PEREIRA DA SILVA, «Verde C. de D. – L. de D. do A.», cit., pp. 22 e 23.

[64] Refira-se, no entanto, que os direitos políticos, na altura, possuíam ainda natureza "classista", correspondendo sociologicamente à afirmação política da classe burguesa, conforme resultava das regras de sufrágio restrito (censitário ou capacitário), só mais tarde, com o advento do Estado Social, se verificando a adopção do sufrágio universal.

[65] VASCO PEREIRA DA SILVA, «Verde C. de D. – L. de D. do A.», cit., p. 23.

2) que «o Estado Social, que assume uma dimensão prestadora chamando a si a realização de tarefas nos domínios económicos, sociais e culturais, trouxe consigo a segunda geração dos direitos humanos, correspondente aos direitos sociais (v.g. o direito ao trabalho, à segurança social, à saúde, à educação). Tratava-se, agora, de assegurar a protecção dos indivíduos através da actuação do Estado, realizada sobretudo através da função administrativa, o que levou à caracterização deste modelo, de acordo com a expressão consagrada pela doutrina alemã, como um "Estado de Administração" ("Verwaltungsstaat")»[66]. Mas, ao mesmo tempo, esta nova geração de direitos, vem acompanhada da transformação dos direitos políticos (nascidos na geração anterior), que agora se generalizam a todos os cidadãos, mediante a consagração do sufrágio universal, conduzindo ao "alargamento do público político" típico da "sociedade técnica e de massas" (ROGÉRIO SOARES)[67];

3) que «o Estado Pós-social em que vivemos, no quadro de uma lógica constitutiva e infra-estrutural dirigida para a criação de condições para a colaboração de entidades públicas e privadas, está associado a uma terceira geração de direitos humanos em novos domínios da vida da sociedade, como é o caso do ambiente e da qualidade de vida, da protecção individual relativamente à informática e às novas tecnologias, da tutela da vida e da personalidade em face da genética, sendo ainda de incluir nesta categoria as garantias individuais de procedimento (o qual é entendido não apenas como instrumento de legitimação do poder, mas também como modo de realização da protecção jurídica subjectiva)[68]. Pertencem assim a esta geração, entre outros, o direito ao ambiente, à qualidade de vida, de acesso a bancos de dados, de preservação do património genético[69], de participação e de

---

[66] VASCO PEREIRA DA SILVA, «Verde C. de D. – L. de D. do A.», cit., p. 23.

[67] Vide ROGÉRIO SOARES, «Direito Público e Sociedade Técnica», Coimbra, Atlântida, 1969.

[68] Vide HELMUT GÖRLICH, «Grundrechte als Verfahrensgarantien», 1.ª edição, Nomos, 1981.

[69] Vide JOÃO LOUREIRO, «O Direito à Identidade Genética do Ser Humano», in «Portugal – Brasil Ano 2000 – Tema Direito», in «Boletim da Faculdade de Direito da Universidade de Coimbra», Coimbra Editora, Coimbra, páginas 263 e seguintes.

audiência no procedimento», de acesso ao direito e de protecção jurídica, de forma a garantir a tutela plena e efectiva dos direitos dos particulares. Em «causa está, uma vez mais, o retorno à ideia de protecção do indivíduo contra o poder, acentuando a ideia de defesa das pessoas contra novas ameaças provenientes tanto de entidades públicas como privadas, sem que isso signifique pôr em causa a necessidade de garantia dos direitos também através da acção estadual[70]».

Esta sucessão "geracional" implicou mudanças quantitativas e qualitativas na noção de direitos fundamentais, que conduziram tanto ao seu alargamento como à sua transformação[71]. Assim, por um lado, dá-se a "descoberta" de novos direitos fundamentais, seja em todas aquelas novas situações em que a dignidade da pessoa humana se defronta com graves e distintas ameaças (até então, desconhecidas ou insignificantes) exigindo uma protecção jurídica ao nível constitucional, seja como resultado da "decomposição" ou "recomposição" de "clássicos" direitos fundamentais que vão dando origem a outros, seja ainda em virtude de densificação e de mutação em protecção subjectiva de regras, até aí, simplesmente destinadas a uma tutela (ou garantia) objectiva. Por outro lado, verifica-se a modificação da própria noção (de partida) dos direitos fundamentais, pois, na

---

[70] VASCO PEREIRA DA SILVA, «Verde C. de D. – L. de D. do A.», cit., pp. 23 e 24. Para uma caracterização mais desenvolvida dos modelos de Estado Liberal, Social e Pós-Social, vide VASCO PEREIRA DA SILVA, «Em Busca do A. A. P.», cit., pp. 43 e ss.

[71] O que se verificou tanto nos países em que o legislador constituinte adoptou, desde logo, uma noção ampla de direitos fundamentais, como em Portugal, como naqueles outros, em que o "catálogo de direitos" da constituição material foi sendo progressivamente alargado por acção da jurisprudência e da doutrina, como na Alemanha (vide neste sentido HÄBERLE, «Grundrechte im Leistungsstaat», in «Veröffentlichungen der Vereinigung der Deutschen Staatsrechtslehrer», n.º 30., Walter de Gruyter, Berlin / New York, 1972, páginas 43 e seguintes). Relativamente à Alemanha, conforme escreve HÄBERLE, «desde 1949 a dogmática jurídica tem vindo a desenvolver e a intensificar o âmbito das liberdades básicas, generalizando-as e possibilitando a que, através delas, e na medida do possível, qualquer cidadão as assuma e as "leve a sério" como verdadeiras "liberdades reais"». O que significou, nomeadamente, a «descoberta de novas liberdades públicas como, por exemplo, o direito a manifestar-se livremente pelas ruas ou a elaboração do concreto elenco de prestações de segurança social, até alcançar, por fim, mesmo o âmbito relativo à segurança processual e procedimental» (HÄBERLE, «Teoria de la C. como C. de la C.», cit., p. 82).

actualidade (ao fim de três gerações – e, sabe-se lá, quantas mais virão?) estes já não se limitam apenas às tradicionais liberdades, mas passaram a incluir também direitos de prestação e direitos de participação (procedimentais, processuais). Daí que se os direitos fundamentais ainda podem ser entendidos como "direitos de defesa" contra agressões ilegais, contudo, tal "defesa" não pode mais ser vista em sentido puramente negativo, decorrente de meras abstenções de actuação estadual, antes implica também a existência de (uma grande diversidade de) prestações a cargo de entidades públicas e da consagração de garantias de participação e de procedimento, da mesma forma como tal "defesa" não vale apenas contra entidades públicas mas também contra privados.

Em síntese provisória, a mudança de gerações obriga quer ao alargamento quer à "actualização" do conceito de direitos fundamentais. E esta reconstrução jurídica da noção de direitos fundamentais vai no sentido de se considerar que a protecção (ou "defesa") que eles garantem é realizada, simultaneamente, através das respectivas dimensões de "abstenção", de "prestação" e de "participação", assim como vale tanto perante destinatários públicos como privados.

Mas – a provar que as dimensões histórica e axiológica se completam –, este esforço de alargamento e de reconstrução jurídica da teoria dos direitos fundamentais contribui para fazer realçar a renovada "unidade" da categoria dos direitos fundamentais, a dois níveis:

1) O da identidade axiológica de todos os direitos fundamentais. Pois, sejam eles da primeira, da segunda ou da terceira geração, os direitos fundamentais constituem a resposta jurídico-constitucional adequada ao problema da protecção da dignidade da pessoa humana, a qual vai evoluindo (no tempo e no espaço) em função de novas agressões e desafios colocados pela vida social;
2) O da identidade estrutural de todos os direitos fundamentais, pois todos eles se podem caracterizar, do ponto de vista jurídico, por apresentar simultaneamente uma vertente negativa e uma vertente positiva, assim como também uma dimensão subjectiva e objectiva.

No que respeita à identidade estrutural, a vertente negativa surgiu com a primeira geração dos direitos fundamentais, que eram concebidos como "liberdades" ou direitos de abstenção de agressões estaduais, mas este "direito de defesa" contra agressões públicas na esfera constitucionalmente protegida continua a fazer todo o sentido (e a verificar-se) quando se trate dos direitos da segunda ou da terceira geração Na verdade, «tanto pode haver uma agressão estadual violadora do direito fundamental quando se trate do direito de propriedade (v.g. uma declaração de utilidade pública ilegal de um prédio) como do direito ao trabalho (v.g. decisões discriminatórias, em razão do sexo, no acesso ou na promoção no domínio da função pública), como também do direito ao ambiente (v.g. uma licença ambiental ilegal concedida a uma indústria de produtos tóxicos)»[72]. Daí que qualquer direito fundamental, independentemente da "data de nascimento" ou da "geração" a que pertença, apresenta sempre uma vertente negativa, que obriga as entidades públicas a abster-se de agressões susceptíveis de lesão da posição subjectiva de vantagem constitucionalmente protegido.

Em termos simétricos, se a vertente positiva dos direitos fundamentais – que obriga a prestações[73] dos poderes públicos, ou à cooperação entre estes e os privados[74] para a sua realização – nasceu com os direitos da segunda e da terceira geração, ela é, hoje em dia, igualmente necessária para garantir os direitos da primeira geração. Uma vez que, «mesmo os direitos fundamentais "clássicos", ou de primeira geração, não dependem apenas de uma mera abstenção estadual (...), antes implicam também a colaboração do Estado para a sua realização. Pois, também os direitos de primeira geração necessitam que as autoridades estaduais criem condições

---

[72] VASCO PEREIRA DA SILVA, «Verde C. de D. – L. de D. do A.», cit., p. 89.

[73] As prestações estaduais para a realização dos direitos fundamentais, típicas dos direitos da segunda geração, tanto podem revestir-se de natureza jurídica, como não. Assim, pode-se distinguir entre os "direitos a prestações em sentido restrito" ("Leistungsrechte im engeren Sinne") e "em sentido amplo": os primeiros consistem em «direitos dos indivíduos a acções positivas do Estado» «de natureza fáctica (ex: art. 63.º – direitos a prestações fácticas inerentes ao direito à segurança social)», enquanto que os segundos têm por objecto um «acto positivo de natureza normativa (ex. direito à protecção do direito à vida através de normas penais, emanadas do Estado)» (GOMES CANOTILHO, «Direito C. e T. da C.», cit., p. 1259.

[74] A institucionalização de formas de cooperação entre privados e entidades públicas como forma de concretização dos direitos fundamentais representa uma característica típica de um grande número de direitos de terceira geração (v.g. direitos de natureza procedimental ou processual).

para a sua realização, mediante a actuação dos órgãos do poder legislativo, administrativo e judicial»[75] (v.g. o direito de voto não se realiza se não houver leis eleitorais, recenseamento, eleições, apuramento de resultados, da mesma maneira como o direito de propriedade depende, para a sua realização, não apenas de regulações legais, mas também de actuações dos poderes públicos – polícias[76], tribunais, garantias e procedimentos administrativos, garantias de acesso à justiça e processos judiciais...). Daí que, do ponto de vista da respectiva estrutura jurídica, qualquer direito fundamental, independentemente da geração em que se integre, possua sempre também uma vertente positiva, que obriga à intervenção e colaboração das entidades públicas para a sua realização.

A necessidade de actuação dos poderes públicos para a concretização dos direitos fundamentais não apresenta, no entanto, sempre a mesma intensidade. Sendo de distinguir (como, a seu tempo, melhor se verá) os casos em que os direitos fundamentais estabelecem um dever de adopção de uma conduta certa e determinada a cargo dos poderes públicos, cujo conteúdo se encontra (no todo ou em parte) constitucionalmente predeterminado (em termos equivalentes aos do poder vinculado, ou da "discricionariedade reduzida a zero" do Direito Administrativo), que é correspondente à dimensão subjectiva desses direitos – "direitos fundamentais como direitos subjectivos" -; daqueles outros casos em que a necessidade de adoptar comportamentos ou de tomar medidas de concretização fica, contudo, na disponibilidade dos poderes públicos, dependendo da respectiva "margem de apreciação" e de "decisão" (em termos equivalentes aos do poder discricionário do Direito Administrativo) ou da "reserva do possível" (como costumam dizer os constitucionalistas), situação que corresponde à dimensão objectiva dos direitos fundamentais – "direitos fundamentais como estruturas objectivas da sociedade".

Daí que, do ponto de vista da sua estrutura jurídica, todos os direitos fundamentais sejam idênticos, já que, todos eles apresentam uma vertente negativa, implicando um direito de defesa contra agressões públicas, em simultâneo com uma vertente positiva, que obriga à actuação dos poderes

---

[75] VASCO PEREIRA DA SILVA, «Verde C. de D. – L. de D. do A.», cit., p. 87.
[76] Entre os novos direitos subjectivos públicos dos particulares no domínio do moderno Direito Administrativo, decorrentes dos direitos fundamentais, inclui-se o "direito a uma intervenção policial" (VASCO PEREIRA DA SILVA, «Em Busca do A. A. P.», cit., pp. 231 e ss.).

públicos para a sua realização (que tanto podem corresponder a direitos subjectivos dos particulares como a tarefas de natureza objectiva). De resto, é curioso verificar como cada uma das gerações de direitos fundamentais, não apenas fez crescer o catálogo dos direitos, como contribuiu também para o enriquecimento da respectiva estrutura jurídica – pois, a primeira geração colocou a tónica na dimensão negativa dos direitos, a segunda geração na sua dimensão positiva de carácter prestador, e a terceira geração na sua dimensão positiva de carácter participativo ou de colaboração. Mas, independentemente da ênfase colocada num ou noutro dos aspectos do respectivo conteúdo por cada uma das gerações de direitos, o que é facto é que em nossos dias todos os direitos fundamentais apresentam, simultaneamente, todas essas características (ainda que em grau diferenciado), possuindo uma mesma identidade estrutural (complexa), que é fruto do enriquecimento jurídico trazido pela evolução histórica.

A natureza complexa da estrutura jurídica dos direitos fundamentais é particularmente evidente na "história" do direito à cultura, o qual parece mesmo enfermar de "angústias" de "identificação geracional", na medida em que a respectiva noção jurídica se vai transformando ao longo das sucessivas etapas da sua evolução. Trata-se de um direito fundamental cujo conteúdo parece estar "sempre a par do seu tempo", uma vez que se vai transformando à medida que acompanha as sucessivas gerações de direitos. Isto, porque o direito fundamental à cultura:

1) surge, na primeira geração, como uma "liberdade" em face do Estado, que integrava as chamadas "liberdades de espírito" ("libertés d´esprit") ou "liberdades de pensamento" ("libertés de la pensée") – para usar as felizes expressões de DOMINIQUE BREILLAT[77] –, encontrando-se expressa ou implicitamente (uma vez que também podia ser construído a partir da liberdade de expressão ou de pensamento, nos termos da "ideia de direito" vigente) consagrado nas constituições liberais (vide a Carta Constitucional de 1826);

---

[77] DOMINIQUE BREILLAT, «Les Libertés de l´Esprit», in SERGE GUINCHARD / / MICHÈLE HARICHAUX, «Le Grand Oral: Protections des Libertés et des Droits Fondamentaux (Préparation au CRFPA)», 2.ª edição, Montchrestien, 2004, páginas 203 e seguintes.

2) é configurado, na segunda geração, como um direito a prestações, integrando a categoria dos direitos económicos, sociais e culturais (vide o "Pacto Internacional dos Direitos Económicos Sociais e Culturais" ou os artigos. 73.º e 78.º da Constituição portuguesa);
3) assume, na terceira geração, a dimensão de direito de participação ou de "quota-parte" ("teilhaberecht"), enquanto forma institucionalizada de cooperação entre entidades públicas e privadas de natureza procedimental (vide os direitos de participação nas políticas públicas de cultura constantes dos artigos 73.º, n.º 3, 78.º da Constituição)

Esta evolução geracional do direito à cultura é também visível se se atentar na história constitucional portuguesa. Assim:

1) a Constituição de 1822 não se referia expressamente ao direito à cultura, mas, de acordo com o "espírito da lei", à época, ele estava consagrado, de forma implícita, nas normas consagradoras das "liberdades de pensamento"[78] (vide, no Título I, relativo aos «Direitos e Deveres Individuais dos Portugueses»: a "cláusula geral de liberdade", do artigo 2.º[79]; a liberdade de expressão do pensamento, do artigo 7.º; e a liberdade de imprensa, do artigo 8.º). Mas, a cultura era ainda referenciada, de uma forma objectiva (vide o Título III, «Do Poder Legislativo ou das Cortes», Capítulo I, «Da Eleição dos Deputados de Cortes»), a propósito do estabelecimento de restrições (capacitárias) ao sufrágio (as quais possuíam também, implicitamente, uma dimensão censitária, já que, nessa altura, a capacidade cultural estava dependente, em regra, da económica). De acordo com o artigo 33.º, «na elei-

---

[78] Neste sentido, a propósito das constituições liberais francesas, vide as considerações de DOMINIQUE BREILLAT, «Les Libertés de l´E.», cit., in SERGE GUINCHARD / / MICHÈLE HARICHAUX, «Le Grand O.: P. des L. et des D. F. (P. au CRFPA)», cit., pp. 203 e ss..

[79] Naquilo a que chamo a "clásula geral de liberdade", típica das constituições liberais portuguesas, cabem quaisquer direitos de defesa contra agressões públicas na esfera privada constitucionalmente garantida dos cidadãos. É isso que resulta do artigo 2.º, que estabelece que «a liberdade consiste em não serem obrigados a fazer o que a lei não manda, nem a deixar de fazer o que ela não proíbe».

ção dos Deputados têm voto os Portugueses que estiverem no exercício dos direitos de cidadão (...)», excepto «os que para o futuro, em chegando à idade de 25 anos completos, não souberem ler e escrever, se tiverem menos de 17 quando se publicar a Constituição» (n.º VI). A cultura surge aqui, não como um direito fundamental, mas como uma situação objectiva da qual depende a atribuição do direito (fundamental) ao sufrágio, estabelecendo-se a necessidade de adquirir um "mínimo de cultura" ("saber ler e escrever") como ónus do qual ficava dependente a aquisição de capacidade política;

2) a Carta Constitucional de 1826 é a primeira constituição portuguesa a consagrar expressamente o direito fundamental à cultura, tanto na vertente de liberdade cultural, como no que se refere à protecção dos direitos de autor, como ainda estabelecendo a respectiva ligação com o ensino das Belas Artes e das Belas Letras. Isto porque, para além do seu estabelecimento implícito através da "cláusula geral de liberdade"[80] e das liberdades de pensamento e de imprensa (vide artigo 145.º, parágrafos 1.º e 3.º, respectivamente), a Constituição de 1826 consagra ainda expressamente o direito à cultura, ao determinar que «os inventores terão a propriedade das suas descobertas ou das suas produções», pelo que «a lei assegurará um privilégio exclusivo temporário, ou lhes remunerará em ressarcimento da perda que hajam de sofrer pela vulgarização» (parágrafo 24.º do artigo 145.º); assim como ao garantir a existência de «Colégios e Universidades, onde serão ensinados os elementos das Ciências, Belas Artes e Letras» (parágrafo 32.º do artigo 145.º)[81]. Daí que o direito à cultura, na Constituição de 1826, não apenas surge expressamente consagrado, como já começa também a manifestar a sua natureza jurí-

---

[80] Mantém-se, na Constituição de 1826, a "cláusula geral de liberdade", antes referida, só que agora é adoptada uma formulação mais elegante, segundo a qual «nenhum cidadão pode ser obrigado a fazer, ou deixar de fazer alguma coisa, senão em virtude da Lei».

[81] De referir também – embora especificamente relativo ao direito ao ensino, mas que não deixa também de se relacionar com o direito à cultura – o parágrafo 30.º, do mesmo artigo 145.º, que estabelece que «a Instrução Primária é gratuita a todos os cidadãos».

dica complexa, pois é visto simultaneamente como liberdade, como direito de autor ou da propriedade intelectual, e mesmo como (prenúncio) de um direito de prestação, através da sua ligação ao ensino das Belas Artes e Letras, que cabia ao Estado garantir[82];

3) a Constituição de 1838 vai consagrar também o direito à cultura, tanto de forma implícita, como expressa, através da garantia do ensino das artes e das letras. Assim, surge-nos (no Título III: "Direitos e Garantias dos Portugueses") uma referência implícita ao direito à cultura através da "cláusula geral de liberdade" (artigo 9.º)[83] e das liberdades de pensamento e de imprensa (artigo 13.º), ao mesmo tempo que se estabelece a garantia de existência de «estabelecimentos em que se ensinam as ciências, letras e artes (...)» (artigo 28.º, n.º II), desta forma se procedendo à ligação entre o direito à cultura e o direito ao ensino[84]. O que significa que, também aqui, se começa já a manifestar a natureza complexa do direito à cultura, que surge simultaneamente como liberdade e como (embrião) de futuros direitos de prestação estadual;

4) a Constituição de 1911 não autonomiza o tratamento do direito à cultura, mas, tal como nas constituições anteriores, ele pode ser deduzido implicitamente da consagração das "liberdades de espírito", assim como deve ser incluído no âmbito da cláusula aberta, ou princípio de não tipicidade, estabelecido em matéria de direitos fundamentais. Pois, por um lado, a Constituição garante a

---

[82] Diferentemente da Constituição de 1822, a Carta Constitucional, na sua versão originária, não estabelece restrições ao sufrágio de natureza capacitária, mas sim censitária (mediante a fixação de critérios de «renda líquida anual» mínima, nos artigos 65.º a 68.º). Contudo, o Acto Adicional de 1852 vai alterar as regras das restrições ao sufrágio, introduzindo uma referência de natureza capacitária, ao estabelecer que são eleitores os maiores de 21 anos, «habilitados por títulos literários nos termos da lei» (artigo 5.º, parágrafo 1.º, n.º 4).

[83] De acordo com o artigo 9.º, da Constituição de 1838, «ninguém pode ser obrigado a fazer ou deixar de fazer senão o que a Lei ordena ou proíbe».

[84] Acerca do direito ao ensino, a Constituição de 1838 determina ainda que a garantia de «instrução primária e gratuita» (artigo 28.º, n.º I) e que o «o ensino público é livre a todos os Cidadãos, contanto que respondam, na conformidade da Lei, pelo abuso deste direito» (artigo 29.º).

«inviolabilidade dos direitos concernentes à liberdade, à segurança individual e à propriedade (...)» (artigo 3.º, corpo principal), assim como consagra também uma "cláusula geral de liberdade" (artigo 3.º, parágrafo 1.º) e a liberdade de expressão (artigo 3.º, parágrafo 13.º)[85], por outro lado, estatui a regra segundo a qual «a especificação dos direitos e garantias expressos na Constituição não exclui outras garantias e direitos não enume-rados (...)» ("cláusula aberta" ou princípio de atipicidade dos direitos fundamentais – artigo 4.º);[86]

5) a Constituição de 1933 consagra expressamente o direito à cultura, nas suas vertentes de liberdade e de prestação, mas fá-lo, contudo, em termos meramente nominais, que não correspondem à realidade constitucional e, ainda assim, colocando a tónica nos limites e nas restrições aos direitos, bem como na lógica da respectiva funcionalização em nome da realização de objectivos superiores – como é, de resto, típico dos regimes ditatoriais. Assim, surgem referências à cultura, de forma indirecta ou implícita, a propósito das "liberdades de espírito (v.g. a «liberdade de expressão do pensamento sob qualquer forma», no artigo 8.º, n.º 4) ou da cláusula aberta em matéria de direitos fundamentais (artigo 8.º, parágrafo 1.º). Da mesma maneira como a cultura é referida, de forma explícita, a propósito das corporações (Título IV – "Das Corporações Morais e Económicas"), que visam «principalmente «objectivos científicos, literários, artísticos ou educação física (...)» (artigo 15.º); ou da realização de políticas públicas (Título IX "Da Educação, Ensino e Cultura Nacional"), em que se garante que «o Estado manterá oficialmente escolas (...) e institutos de alta cultura» (artigo 43.º, corpo do artigo), assim como se assegura que «as artes e as ciências serão fomentadas

---

[85] Em matéria de direito ao ensino, a Constituição de 1911 estatui que o «ensino ministrado nos estabelecimentos públicos e particulares fiscalizados pelo Estado será neutro em matéria religiosa» e que o «ensino primário elementar será obrigatório e gratuito» (artigo 3.º, parágrafo 10.º).

[86] Refira-se, a título de curiosidade, que a revisão constitucional de 1918 (Decreto n.º 3997, de 30 de Maio de 1918) recupera, a propósito da capacidade eleitoral passiva, uma restrição de natureza capacitária, considerando só serem elegíveis os cidadãos que «saibam ler e escrever» (artigo 6.º).

e protegidas no seu desenvolvimento, ensino e propaganda, desde que sejam respeitadas a Constituição, a hierarquia e a acção coordenadora do Estado» (artigo 43.°, parágrafo 2.°); ou ainda da tutela do património cultural (Título XI – "Do domínio público e privado do Estado"), estabelecendo-se que «estão sob a protecção do Estado os monumentos artísticos, históricos e naturais, e os objectos artísticos oficialmente reconhecidos como tais, sendo proibida a sua alienação em favor de estrangeiros» (artigo 52.°). Mas, uma tal consagração (aparente) de direitos fundamentais não consegue esconder uma tendência constante para acentuar os seus limites e restrições, nomeadamente decorrente da remissão para "leis especiais" (parágrafo 2.° do artigo 8.°), assim como uma lógica de funcionalização desses mesmos direitos à realização de ideais superiores – v.g. a liberdade de expressão estava condicionada à necessidade de «impedir preventiva ou repressivamente a perversão da opinião pública na sua função de força social», ou de «salvaguardar a integridade moral dos cidadãos» (parágrafo 2.° do artigo 8.°); a opinião pública devia ser defendida pelo Estado «do todos os factores que a desorientem contra verdade, a justiça, a boa administração e o bem comum»; a própria cultura estava subordinada à realização dos ideais do Estado corporativo (artigo 15.°);

6) a Constituição de 1976 consagra expressamente o direito fundamental à cultura (Parte I, Direitos e Deveres Fundamentais), tanto no título (II) relativo aos direitos, liberdades e garantias (artigo 42.°), como no título (III) respeitante aos direitos económicos, sociais e culturais (artigos 73.° e 78.°). O direito fundamental à cultura assume, assim, entre nós uma estrutura jurídica complexa (conforme adiante melhor se verá), que apresenta simultaneamente, elementos típicos de cada uma das gerações de direitos fundamentais: a dimensão da liberdade (v.g. artigo 42.°, n.° 1), do direito a prestações públicas (v.g. artigo 78, n.° 2, alínea b) e do direito de participação (artigo 73.°, n.° 3).

Como resultado deste "percurso" pela história do direito à cultura, ficou bem patente que se trata de uma realidade jurídica "aberta ao tempo" – como, de resto, os demais direitos fundamentais –, que não ficou "parada" num dado momento do passado, antes foi evoluindo e adaptando-se às circunstâncias, assimilando e conjugando elementos típicos provenientes das sucessivas gerações de direitos. Daí a sua natureza jurídica complexa, apresentando simultaneamente vertentes negativas e positivas, dimensões subjectivas e objectivas (como melhor se verá).

2.2 – *O problema dos distintos "níveis" de protecção dos direitos fundamentais (internacional, europeu e estadual). Opção pela perspectiva constitucional de tratamento do direito à cultura*

Os direitos fundamentais dos indivíduos não colocam apenas problemas de ordem histórica ou temporal, mas também de ordem espacial. Na verdade, de há muito que se tomou consciência da necessidade de proteger os direitos dos indivíduos para além das fronteiras dos Estados e das constituições nacionais, consagrando-se uma protecção dos direitos do Homem, à escala internacional, e uma protecção dos direitos fundamentais, à escala estadual.

Novidade, contudo, é o surgimento de questões constitucionais "para além do Estado" (CASSESE)[87], é a superação das distinções formalísticas entre direitos do Homem e direitos fundamentais, é a tentativa de construir um "constitucionalismo global", ou "um constitucionalismo europeu", ao lado dos estaduais. Daí que as "questões da moda" do moderno Direito Constitucional sejam as de saber se faz, ou não, sentido falar em "Constituição sem Estado", ou de saber se é, ou não, possível colocar questões de direitos fundamentais à escala europeia, ou à escala internacional, em termos similares aos que se colocam ao nível das constituições estaduais? Ou ainda, naquilo que respeita especificamente ao direito à cultura, o problema de saber qual é o nível mais adequado de protecção da cultura: se o internacional, se o europeu, se o estadual, ou mesmo se o regional?[88]

Enunciadas as questões, comece-se por distinguir, a benefício da discussão, entre os níveis internacional e europeu. Da perspectiva clássica do Direito Internacional Público (como da do Direito Constitucional) não

---

[87] SABINO CASSESE, «Oltre lo Stato», Editori Laterza, Roma, 2006.
[88] Para o desenvolvimento desta questão vide JÜRGEN SCHWARZE (coorden.), «Regulierung im Bereich von Medien und Kultur – Gestaltungsmöglichkeiten und rechtliche Grenzen», Nomos, Baden-Baden, 2002.

fazia sentido falar em "constitucionalismo internacional" ou "global", pois as relações internacionais tinham como sujeitos exclusivos os Estados, assumindo a dimensão de "relações externas", ao passo que as questões constitucionais se colocavam apenas ao nível estadual, dando origem a "relações internas". Mas, os pressupostos tradicionais de colocação da questão foram alterados em razão das modernas transformações do Direito Internacional Público, nomeadamente em matéria de direitos humanos, que se traduziram na consagração dos indivíduos como sujeitos autónomos das relações internacionais, aos quais a ordem jurídica internacional confere directamente direitos subjectivos, assim como na atribuição de direitos de acesso desses mesmos indivíduos a instâncias internacionais (*maxime* tribunais internacionais) para a defesa dos seus direitos, mesmo contra actuações dos Estados a que pertençam[89].

Em resultado destas transformações do Direito Internacional Público, se já faz sentido, hoje, passar a colocar a questão do "constitucionalismo universal" ou "global", julgo, no entanto, que, pelo menos, no actual estádio de evolução da ordem jurídica internacional, a resposta a dar ao problema não permite ainda falar de uma Constituição Internacional. Pois, apesar dos progressos assinaláveis (e indiscutíveis) na protecção dos direitos humanos à escala universal e das tendências doutrinárias "da moda", é forçoso reconhecer que:

1) não se verifica (pelo menos, por enquanto) um consenso quanto aos princípios e regras fundamentais da organização ou da "divisão" de poderes, assim como da protecção dos direitos humanos à escala internacional, que permita falar na vigência de uma verdadeira constituição material global;

---

[89] Conforme escreve Vieira de Andrade, «à medida que as fronteiras se foram abrindo, a esfera de relevância internacional foi-se alargando e consagrou-se a ideia de que o gozo efectivo, pelos cidadãos de todos os Estados, de certos direitos fundamentais é uma questão de direito internacional». Verificou-se, assim, um fenómeno de «aceleração histórica do processo de internacionalização dos direitos fundamentais», «não havendo hoje dúvidas que o indivíduo é, enquanto titular de direitos humanos, sujeito de direito internacional comum» (Vieira de Andrade, «Os Direitos Fundamentais na Constituição Portuguesa», 3.ª edição, Almedina, Coimbra, páginas 31 e 32). Tendo sido decisivo «para esse consenso (…) [,] justamente o reconhecimento pelos Estados do acesso directo a instâncias internacionais por parte de nacionais seus que se considerem afectados no gozo de direitos fundamentais em convenções internacionais de que aqueles são signatários» (Vieira de Andrade, «Os Direitos F. na C. P.», cit., p. 33).

2) não são ainda suficientes, nem totalmente eficazes, os mecanismos judiciais e processuais adequados para a protecção universal dos direitos humanos;
3) continua a verificar-se um défice de execução das normas internacionais.

Mas, se é prematura a adopção integral das teses do constitucionalismo global, julgo ser, desde já, adequada a consideração de alguns dos seus postulados, nomeadamente, a ideia de que é preciso assegurar a protecção dos direitos dos indivíduos para além das fronteiras estaduais, superando as clássicas e rígidas distinções entre direitos humanos e direitos fundamentais. Isto dito, é tempo de olhar para a protecção global do direito à cultura, que encontra protecção nas principais fontes de Direito Internacional, nomeadamente na Declaração Universal dos Direitos do Homem, no Pacto Internacional sobre os Direitos Civis e Políticos e no Pacto Internacional sobre os Direitos Económicos, Sociais e Culturais (ambos de 16/12/1966). A saber:

1) a Declaração Universal dos Direitos do Homem reconhece o direito à cultura, referindo-se tanto aos direitos de criação e de fruição cultural como aos direitos de autor. Os primeiros resultam da determinação de que «toda a pessoa tem o direito de tomar parte livremente na vida cultural da comunidade, de fruir as artes e de participar no progresso científico e nos benefícios que deste resultam» (artigo 27.°, n.° 1); os segundos da estipulação de que «todos têm direito à protecção dos interesses morais e materiais ligados a qualquer produção científica, literária ou artística da sua autoria» (artigo 27.°, n.° 2);
2) o Pacto Internacional sobre os Direitos Civis e Políticos trata do direito à cultura, na sua acepção mais ampla, enquanto direito dos indivíduos integrados em determinados grupos sociais, agregados populacionais ou comunidades políticas, dotados de identidade cultural própria, ao estabelecer que, «nos Estados em que existam minorias étnicas, religiosas ou linguísticas, as pessoas pertencentes a essas minorias não devem ser privadas do direito de ter, em comum com os outros membros do seu grupo, a sua própria vida cultural, de professar e de praticar a sua própria religião ou de empregar a sua própria língua» (artigo 27.°). Mas pode-se igual-

mente considerar que existe ainda um reconhecimento implícito do direito à cultura, resultante da consagração das "liberdades de espírito" (à semelhança do que antes se deixou dito para as constituições portuguesas), nomeadamente da liberdade de opinião (artigo 19.°, n.° 1) e da liberdade de expressão, que «compreende a liberdade de procurar, receber e expandir informações e ideias de toda a espécie (...) sob forma oral ou escrita, impressa ou artística, ou por qualquer outro meio à sua escolha» (19.°, n.° 2);

3) O Pacto Internacional sobre os Direitos Económicos, Sociais e Culturais consagra expressamente o direito à cultura nas suas múltiplas vertentes – de liberdade, de prestação e de participação, assim como se refere também, em especial, à modalidade dos direitos de autor. Assim, o artigo 15.°, impõe o respeito pela «liberdade indispensável à investigação científica e às actividades criadoras» (n.° 3); obriga à tomada de medidas «para assegurar a manutenção, o desenvolvimento e a difusão da ciência e da cultura» (n.° 2), assim como à adopção de mecanismos de «cooperação no domínio da ciência e da cultura» (n.° 4); reconhece a todos o direito «de participar na vida cultural» (n.° 1, alínea a); garante o direito «de beneficiar da protecção dos interesses morais e materiais que decorrem de toda a produção científica, literária ou artística de que cada um é autor» (n.° 1, alínea c).

Da comunidade internacional para a União europeia a "questão constitucional" assume uma diferente dimensão, em virtude do surgimento e da consolidação de um "espaço jurídico europeu" autónomo. Isto, porque a integração europeia introduziu uma mudança qualitativa em relação aos tradicionais fenómenos de cooperação internacionais, que foi a criação de uma «ordem jurídica própria, conjugando fontes comunitárias – cujas regulações, sendo "recebidas" pelos ordenamentos jurídicos internos, gozam de efeito directo e de primazia sobre as dos países membros (...) – com fontes nacionais»[90], assim como veio obrigar à necessidade de conciliação de formas de actuação jurídica de órgãos públicos comunitários com estaduais, ou à compatibilização da jurisprudência europeia com as

---

[90] VASCO PEREIRA DA SILVA, «O Contencioso A. no D. da P. – E. sobre as A. no N. P. A.», cit., p. 99.

nacionais. Ora, a existência de uma ordem jurídica própria que, por um lado, se sobrepõe e impõe aos ordenamentos dos Estados-membros, por outro lado, se entrelaça e depende daqueles, permite equacionar o problema da "hierarquia" tanto entre distintas fontes europeias, como entre estas e as nacionais, assim como considerar que algumas dessas fontes europeias adquirem uma natureza "fundamental", em razão das matérias de que se ocupam (os "eternos" temas constitucionais do poder e da liberdade, da organização e divisão dos poderes e da garantia dos direitos fundamentais).

Desta forma, o próprio poder constituinte que, nos primórdios do liberalismo, tinha estado indissociavelmente ligado ao Estado, passa a assumir «também uma dimensão internacional, como sucede no âmbito da União Europeia, em que a existência de regras e de princípios fundamentais acerca da "repartição de poderes" (tanto entre as próprias instituições comunitárias, umas relativamente às outras, como entre aquelas e as instituições dos Estados-membros), assim como relativos à garantia dos direitos fundamentais (vide "A Carta Europeia dos Direitos Fundamentais"), configura uma verdadeira "Constituição Europeia"[91] (pelo menos, em

---

[91] Daí que, a meu ver, grande parte da polémica, entre nós como noutros países europeus, surgida à volta do projecto de "Tratado que Estabelece uma Constituição para a Europa" – entretanto suspenso, embora agora em vias de ser substituído por um novo Tratado Reformador – estivesse mal colocada. Pois, a questão não era a de saber se a Europa deveria, ou não, ter uma Constituição – coisa que, de facto, já possui, e há muito tempo –, mas sim a de saber se deveria, ou não, ser aprovada aquela "revisão constitucional", com aquele conteúdo, ou se, pelo contrário, era preferível manter-se a anterior formulação constitucional (nomeadamente, com a configuração que tinha sido adoptada no Tratado de Nice). Mas essa não é questão a tratar neste momento.

Sobre os traços gerais da discussão jurídica acerca do projecto de Constituição Europeia, entre nós, vide: ALEXANDRA ARAGÃO, «A Governância na Constituição Europeia», in «Colóquio Ibérico: Constituição Europeia. Homenagem ao Doutor Francisco Lucas Pires», Boletim da Faculdade de Direito da Universidade de Coimbra, Coimbra Editora, Coimbra, 2005, páginas 105 e seguintes; JOSÉ JOAQUIM GOMES CANOTILHO, «Precisará a Teoria da Constituição Europeia de uma Teoria do Estado?», in «Colóquio I.: C. E.. H. ao D. F. L. P.», Boletim da F. de D. da U. de C., cit., pp. 665 e ss; PAULO F. DA CUNHA, «A Revolução Constitucional Europeia – Reflexões sobre a Génese, Sentido Histórico e Contexto Jurídico de um Novo Paradigma Juspolítico», in «Colóquio I.: C. E.. H. ao D. F. L. P.», Boletim da F. de D. da U. de C., cit., pp. 279 e ss.; ANA MARIA MARTINS, «Alguns Tópicos de Reflexão sobre a Constituição Europeia», in «Política Internacional», Primavera/ Verão, 2002, páginas 240 e seguintes; «O Projecto de Constituição Europeia. Consentido material), sem que se possa (ou deva) falar de um "Estado Europeu"»[92]. Daí a necessidade de alargamento do conceito de Constituição, nos nossos dias, de modo a permitir abranger e conciliar os distintos "patamares" – estadual e europeu[93] – de regulação essencial da divisão de pode-

---

tribuição para o Debate sobre o Futuro da União», Almedina, Coimbra, 2004; «Os Valores da União na Constituição Europeia», in «Colóquio I.: C. E.. H. ao D. F. L. P.», Boletim da F. de D. da U. de C., cit., pp. 497 e ss.; AFONSO DE OLIVEIRA MARTINS, «O Processo Constituinte Europeu e o Tratado que Estabelece uma Constituição para a Europa», in «Colóquio I.: C. E.. H. ao D. F. L. P.», Boletim da F. de D. da U. de C., cit., pp. 485 e ss.; GUILHERME DE OLIVEIRA MARTINS, «O Novo Tratado Constitucional Europeu. Da Convenção à CIG», Gradiva, Lisboa, 2004; MARGARIDA SALEMA DE OLIVEIRA MARTINS, «A Repartição de Competências entre a União e os Estados-Membros – As Competências Exclusivas e as Competências Partilhadas», in «Colóquio I.: C. E.. H. ao D. F. L. P.», Boletim da F. de D. da U. de C., cit., pp. 529 e ss.; JORGE MIRANDA, «A Constituição Europeia e a Ordem Jurídica Portuguesa», in «O Direito», n.º 134/135, 2002/2003, páginas 9 e seguintes; «A "Constituição Europeia" e a Ordem Jurídica Portuguesa», in «Colóquio I.: C. E.. H. ao D. F. L. P.», Boletim da F. de D. da U. de C., cit., pp. 537 e ss; JOSÉ CASALTA NABAIS, «Consituição Europeia e Fiscalidade», in «Colóquio I.: C. E.. H. ao D. F. L. P.», Boletim da F. de D. da U. de C., cit., pp. 569 e ss; PAULO DE PITTA E CUNHA, «A Constituição Europeia. Um Olhar Crítico sobre o Projecto», 2.ª edição, Almedina, Coimbra, 2004; «Reservas À Constituição Europeia», Almedina, Coimbra, 2005; MANUEL PORTO, «A Lógica de Intervenção nas Economias: do Tratado de Roma à Constituição Europeia», in «Colóquio I.: C. E.. H. ao D. F. L. P.», Boletim da F. de D. da U. de C., cit., pp. 635 e ss; MARTA REBELO, «Constituição e Legitimidade Social da União Europeia», Almedina, Coimbra, 2005; MANUEL AFONSO VAZ, «O Sistema de Fontes de Direito no Tratado da Constituição Europeia», in «Colóquio I.: C. E.. H. ao D. F. L. P.», Boletim da F. de D. da U. de C., cit., pp. 651 e ss.

[92] VASCO PEREIRA DA SILVA, «O Contencioso A. no D. da P. – E. sobre as A. no N. P. A.», cit., p. 100, nota 295. Em sentido próximo, vide FRANCISCO LUCAS PIRES, «Introdução ao Direito Constitucional Europeu», Almedina, Coimbra, 1997; FAUSTO DE QUADROS, «Direito da União Europeia», Almedina, Coimbra, 2004; ANA MARIA MARTINS, «Introdução ao Direito Constitucional da União Europeia», Almedina, Coimbra, 2004; PAULO FERREIRA DA CUNHA, «Novo Constitucionalismo Europeu», Almedina, 2005; MIGUEL POIARES MADURO, «A Constituição Plural – Constitucionalismo e União Europeia», Principia, 2006; PETER FISCHER / H. B. KOECK / M. M. KAROLLUS, «Europarecht – Recht der EU/EG, des Europarates und der wichtigsten anderen europäischen Organisationen», 4.ª edição, Linde Verlag, Wien, 2002, páginas 314 e seguintes; THOMAS OPPERMANN, «Europarecht», 3.ª edição, Beck, München, 2005; RUDOLF STREINZ, «Europarecht», 7.ª edição, C. F. Müller, Heidelberg, 2005; KOEN LENAERTS / PIET VAN NUFFEL, «Constitutional Law of the European Union», 2.ª edição, Sweet and Maxwell, London, 2005).

[93] Os "patamares" ou "níveis" do "poder constituinte (material) europeu", em geral, são os dois referidos (o europeu e o nacional), mas pode haver que considerar ainda

res (nomeadamente, de acordo com o princípio da subsidiariedade) e da protecção dos direitos fundamentais à escala europeia.

A nova lógica de um constitucionalismo "multinivelado" ou "plural" (MIGUEL MADURO)[94] implica a conjugação e a compatibilização de diferentes níveis de protecção jurídica (v.g. de acordo com "normas de conflitos" de "natureza constitucional" – como é, por exemplo, a regra da subsidiariedade). Mas tem levado também à necessidade de reconsiderar, em termos de bondade (ou de justiça) e de eficácia jurídicas, a questão (que vai mesmo para além dos níveis constitucionais) de saber qual é (ou deve ser) o "nível" mais adequado de regulação de determinadas matérias (tanto em termos "constitucionais" como "ordinários").

No domínio do direito à cultura, com as suas múltiplas e diversificadas manifestações, a lógica da protecção multinivelada impõe-se, obrigando à consideração de sucessivos patamares de regulação (nem todos constitucionais) – nomeadamente, o internacional, o europeu (também o federal, quando se tenha adoptado uma forma de estado composta, como sucede, por exemplo, na Alemanha ou no Reino Unido), o estadual, o regional e o local. A resposta à questão inicial de saber qual o «nível adequado das competências decisórias» (JÜRGEN SCHWARZE)[95] no domínio da cultura não se coloca, portanto, em termos unilaterais e excludentes, antes deve reconduzir-se ao problema de saber qual o modo e a medida de combinação mais eficaz dos sucessivos níveis de protecção, da mesma maneira como a resposta para o problema não é unívoca, dependendo antes das circunstâncias de tempo e lugar, ou das tradições culturais, variáveis de país para país[96].

---

os níveis da federação e dos estados federados, quando os Estados-membros sejam compostos (v.g. a Alemanha), ou eventualmente, também o patamar internacional, mesmo se, pelo menos por enquanto, a questão ainda só possa ser colocada de forma limitada, nomeadamente a propósito da protecção de direitos fundamentais, conforme se fez antes referência.

[94] MIGUEL POIARES MADURO, «A Constituição P. – C. e U. E.», cit.

[95] JÜRGEN SCHWARZE (coorden.), «Regulierung im B. von M. und K. – G. und r. G.», cit., p. 7.

[96] Sirva de exemplo o caso da ópera, em que o nível de regulação e de decisão públicas tanto se pode colocar, predominantemente, ao nível regional e local – v.g., na Alemanha, em que as companhias dependem dos estados ("Länder") ou das cidades –, ou ao nível estadual – como no caso português, em que a existência de uma única companhia nacional, pode conduzir a excessos de intervencionismo governamental (como, de resto, sucedeu recentemente, na lamentável cena de "opera-buffa", da não recondução de Paolo Pinamonti no cargo de director do Teatro Nacional de São Carlos).

Em termos genéricos, no quadro europeu, «o domínio da cultura permanece, em primeira linha, atribuído à competência dos Estados, de forma a garantir a diversidade e heterogeneidade de configuração da matéria. A Comunidade limita-se aqui, em princípio, ao papel de apoio da actuação conjugada dos Estados-membros (art. 151, II, do Tratado da União Europeia)» (JÜRGEN SCHWARZE)[97]. Mas, tal regra de "repartição europeia de poderes", é igualmente acompanhada de uma preferência pela realização da cultura ao nível regional, uma vez que «a garantia da diversidade regional está expressamente estabelecida no "artigo da cultura", (...) [o que] mostra que a "Europa das regiões" é levada a sério no tratado da União Europeia» (C.-E. PALMER)[98]. Daí, o poder afirmar-se que, do ponto de vista europeu, a cultura surge como o "ponto de encontro" dos níveis de regulação europeu, nacional, regional e local, sendo necessário encontrar a «medida certa entre a unidade e a diversidade, a capacidade de actuação europeia e a confiança nos níveis de poder situados mais abaixo», constituindo isso «a tarefa decisiva [para o Direito da Cultura] dos próximos anos» (C.-E. PALMER)[99].

No que respeita à protecção europeia do direito à cultura, há que referir, nomeadamente:

- a Convenção Europeia dos Direitos do Homem (que data de 4/11/1950) – a qual, não obstante possuir a natureza de fonte internacional (autónoma), não deixa, por isso, de poder ser também considerada como parte integrante da Constituição (material) Europeia –, em que se verifica um reconhecimento apenas implícito do direito à cultura (de acordo com a "lógica francesa" da respectiva inclusão no quadro das "liberdades de espírito"), designadamente, nos artigo 9.º (liberdade de pensamento, de consciência e de religião) e 10.º (liberdade de expressão). A que acresce a protecção do Protocolo Adicional n.º 1 (20 de Março de 1952), que estabelece, no artigo 2.º ("direito à instrução"), que

---

[97] JÜRGEN SCHWARZE (coorden.), «Regulierung im B. von M. und K. – G. und r. G.», cit., p. 7.
[98] CHRISTOPH-E. PALMER, «Europäische Regulierungsbestrebungen im Bereich von Medien und kultur aus landespolitischer Sicht», in JÜRGEN SCHWARZE «Regulierung im B. von M. und K.», cit., página 19.
[99] CHRISTOPH-E. PALMER, «Europäische R. im B. von M. und k. aus l. S.», in JÜRGEN SCHWARZE «Regulierung im Bereich von Medien und Kultur», p. 28.

«a ninguém pode ser negado o direito à instrução», sendo esta uma tarefa estadual a desempenhar no respeito pelas «convicções religiosas e filosóficas dos pais»;
- a Carta dos Direitos Fundamentais da União Europeia (7/12/2000) – cujo valor jurídico-formal é discutido, mas que, em minha opinião, deve ser considerada como dotada da natureza de componente essencial da Constituição (material) Europeia –, em que se verifica a protecção do direito fundamental à cultura na sua tríplice dimensão de liberdade, de prestação e de participação. Conforme resulta do artigo 13.º ("Liberdade das Artes e das Ciências"), que consagra que «as artes e a investigação científica são livres» e que «é respeitada a liberdade académica»; assim como do artigo 22.º ("Diversidade Cultural, Religiosa e Linguística"), que estatui que «a União respeita a diversidade cultural, religiosa e linguística»[100].

Enquadrada a questão da protecção do direito fundamental à cultura na perspectiva do Direito Internacional Público e do Direito Europeu, importa ainda fazer uma referência breve ao modo como essa tutela se processa no âmbito das Constituições de alguns países europeus (mais próximos de nós)[101]. Assim, a protecção constitucional da cultura:

- na Alemanha, surge de uma forma expressa, enquanto direito fundamental, pela "primeira vez"[102], no artigo 142.º da Constituição de Weimar (muito embora, também aqui, valha a interpretação,

---

[100] De referir ainda que a Carta dos Direitos Fundamentais da União Europeia, de acordo com a lógica da protecção multinivelada, estatui, no artigo 53.º ("Nível de Protecção"), que «nenhuma disposição da presente Carta deve ser interpretada no sentido de restringir ou lesar os direitos do Homem e as liberdades fundamentais reconhecidos, nos respectivos âmbitos de aplicação, pelo direito da União, o direito internacional e as convenções internacionais em que são partes a União, a Comunidade ou todos os Estados- -Membros, nomeadamente a Convenção Europeia para a Protecção dos Direitos do Homem e das Liberdades Fundamentais, bem como pelas Constituições dos Estados-Membros».

[101] Diga-se, de passagem, que esta protecção constitucional da cultura, de matriz estadual, se vale por si mesma, também pode ser considerada como fazendo ainda parte da Constituição (material) Europeia, a qual, em sentido amplo, integra todas e cada uma das Constituições (materiais) dos Estados-membros.

[102] Neste sentido, vide VOLKER EPPING, «Grundrechte», 2.ª edição, Springer, Berlin / Heidelberg / New York, 2005, página 95.

antes defendida, da sua consagração implícita em textos constitucionais anteriores, nomeadamente da Constituição de Frankfurt, enquanto componente da respectiva "ideia de direito" liberal). Actualmente, a Lei Fundamental alemã, no artigo 5.°, parágrafo 3.° (liberdade de comunicação, artística e científica – "Kommunikationsfreiheit, Kunst- und Wissenschaftsfreiheit"), estatui que «a arte e a ciência, a investigação e o ensino são livres». Mas esta consagração do direito à cultura, como liberdade, no texto constitucional, é ampliada, por acção da jurisprudência e da doutrina, mediante a afirmação da respectiva dimensão positiva, que introduz as componentes de prestação e de participação. Pois, de acordo com a jurisprudência do Tribunal Constitucional alemão, «o sentido e a função ("Sinn und Aufgabe")» da norma constitucional, para além de implicar o afastamento de qualquer agressão dos poderes públicos contra o direito à cultura, significa igualmente, «ao lado desta dimensão de direito de defesa ("abwehrrechtlichen Ausrichtung"), também um princípio jurídico orientador das decisões públicas ("wertentscheidende Grundzatsnorm"), obrigando o Estado a cuidar e a apoiar a Cultura ("zur Pflege und Förderung der Kunst")» (H. JARASS / B. PIEROTH)[103]. Daí resultando o dever de apoio à cultura como dimensão objectiva do direito fundamental, mesmo que se considere que, em abstracto, «o art. 5.° § 3 GG não compreende, só por si, um direito (subjectivo) a uma prestação ("Leistungsrecht")» (J. IPSEN)[104];

– em Espanha, logo no "Título Preliminar", o artigo 3.° n.° 1, determina que «o castelhano é a língua oficial (...)», acrescentando-se, no n.° 2, que «as demais línguas espanholas serão também oficiais nas respectivas Comunidades Autónomas (...)» e, no n.° 3, que «a riqueza das distintas modalidades linguísticas de Espanha é um património cultural que será objecto de especial respeito e protecção»; assim como o artigo 4.°, n.° 1, estatui acerca da "bandeira de Espanha" e o n.° 2, garante as «bandeiras e insígnias próprias» das Comunidades Autónomas. Uma tal regulação,

---

[103] HANS JARASS / BODO PIEROTH, «Grundgesetz für die Bundesrepublik Deutschland», 8.ª edição, Beck, Muenchen, 2006, páginas 199 e 200.

[104] JÖRN IPSEN, «Staatsrecht II – Grundrechte», 8.ª edição, Luchterhand (Kluwer), Muenchen, 2005, página 145.

sendo uma decorrência político-jurídica da "questão das nacionalidades", em Espanha, não deixa de possuir também significado tanto enquanto tutela objectiva da cultura, como enquanto consagração subjectiva de um direito fundamental à identidade cultural (correspondente ao sentido amplo de cultura, atrás referido). Para além disso, em matéria de "Direitos e Deveres Fundamentais", consagra-se, no artigo 20.º, n.º 1, a liberdade de pensamento (alínea a), "a liberdade de produção e criação literária, artística, científica e técnica" (alínea b), a "liberdade de cátedra" (alínea c), e a "livre circulação de informação e consciência e segredo profissional"; assim como, no artigo 44.º, n.º 1, o dever dos "poderes públicos de promover e de tutelar" o «acesso à cultura a que todos têm direito». Ou seja, na Constituição espanhola, a cultura tanto é regulada em termos objectivos como subjectivos, consagrando-se ainda o direito fundamental à cultura nas respectivas dimensões de liberdade, de prestação e de participação;

— em França, é igualmente muito nítida a consagração de uma dimensão negativa e de uma dimensão positiva do direito fundamental à cultura. O direito à cultura, enquanto liberdade cultural, tem sido entendido pela jurisprudência e pela doutrina como uma manifestação das "liberdades de espírito" ("les libertés de l' esprit"[105]), ou dos direitos do pensamento ("libertés de la pensée"), ou das liberdades intelectuais ("libertés intellectuelles"), pelo que se considera encontrar-se implicitamente consagrado através dos referidos direitos fundamentais, desde os primórdios do constitucionalismo liberal. Já no que respeita ao direito à cultura, enquanto garantia de prestações estaduais, a sua consagração resulta do «Preâmbulo da Constituição de 1946 [que] enuncia, pela primeira vez claramente na nossa história, o direito à cultura. Ele dispõe que "a Nação garante o igual acesso da criança e do adulto à instrução, à formação profissional e à cultura"» (PONTIER/ RICCI/ BOURDON)[106]. Ora, de acordo com o entendimento da jurisprudência e da doutrina, deve-se considerar que

---

[105] Vide DOMINIQUE BREILLAT, «Les Libertés de l'E.», cit., in SERGE GUINCHARD / / MICHÈLE HARICHAUX, «Le Grand O.: P. des L. et des D. F. (P. au CRFPA)», cit., p. 203.
[106] JEAN-MARIE PONTIER / JEAN-CLAUDE RICCI / JACQUES BOURDON, «Droit de la Culture», 2.ª edição, Dalloz, Paris, 1996, página 42.

este «direito à cultura, na medida em que se encontra inscrito no Preâmbulo da Constituição de 1946, possui valor jurídico, e este valor jurídico é um valor constitucional» (PONTIER / RICCI / BOURDON)[107]. Está aqui em causa uma construção jurisprudencial e doutrinária, "tipicamente francesa", que levou à consideração da natureza constitucional (não só material, mas também formal) de direitos fundamentais contidos em textos constitucionais anteriores ao actualmente em vigor. E que foi enunciada pelo «Conselho Constitucional (nomeadamente na sua decisão de 16 de Julho de 1971 relativa à liberdade de associação) e (...) [pelo] Conselho de Estado (nomeadamente na sua decisão de 12 de Fevereiro de 1960, *Sté Eky*) [, os quais] reconheceram o valor jurídico ao Preâmbulo de 1958, *logo* também ao Preâmbulo de 1946 e à Declaração de Direitos de 1789, na medida em que esse preâmbulo declara que "o povo francês proclama solenemente o seu apego aos Direitos do Homem e aos princípios da soberania nacional, tal como definidos pela Declaração de 1789, confirmada e completada pelo Preâmbulo da Constituição de 1946"» (PONTIER / RICCI / BOURDON)[108];

— em Itália, o artigo 12.°, em sede de "Princípios Fundamentais", estabelece que «a República favorece o desenvolvimento da cultura e a investigação científica e técnica», assim como «protege a paisagem e o património histórico e artístico da Nação». Mas, a essa tutela primacialmente objectiva, acresce a protecção subjectiva da cultura, na parte relativa aos "Direitos e Deveres dos Cidadãos", onde se determina, nomeadamente no artigo 33.°, que «a arte e a ciência são livres e livre é o seu ensino», e que «as instituições de Alta Cultura, Universidades e Academias têm o direito de se organizar de forma autónoma nos limites estabelecidos pelas leis do Estado». Assim se associando a tutela objectiva com a protecção subjectiva da cultura e, simultaneamente, adoptando-se um entendimento do direito fundamental à cultura que abrange as respectivas vertentes negativa e positiva.

---

[107] JEAN-MARIE PONTIER / JEAN-CLAUDE RICCI / JACQUES BOURDON, «Droit de la C.», cit.,p. 42.
[108] JEAN-MARIE PONTIER / JEAN-CLAUDE RICCI / JACQUES BOURDON, «Droit de la C.», cit. pp. 42 e 43.

Terminado este enquadramento – meramente sumário, ainda que obrigatório – de ordem filosófica, histórica e espacial acerca da protecção da cultura, o presente estudo vai, a partir de agora, ocupar-se primacialmente do direito à cultura no âmbito da Constituição portuguesa. Opção que se justifica ainda pelo facto da Constituição portuguesa – enquanto "constituição aberta de uma sociedade aberta" – dever funcionar também como "ponto de encontro": por um lado, de diferentes concepções e modelos de direitos fundamentais (nomeadamente, transcendentes e imanentes, de matriz "filosófica ou jusnaturalista", "estadual ou constitucional", "universalista ou internacionalista" – para adoptar a terminologia de VIEIRA DE ANDRADE[109]), em geral[110], e do direito fundamental à cultura, em particular; por outro lado, de diferentes "níveis" de regulação da cultura, que devem ser "recebidos" e "conciliados" através das opções plasmadas na lei fundamental.

---

[109] Vide VIEIRA DE ANDRADE, «Direitos F.», cit., pp. 15 e ss.. Mais adiante, o autor acrescenta ainda, como sintomática desta lógica "neutralizadora" e "pacificadora" da Constituição, o facto «de os direitos fundamentais, na perspectiva de direitos naturais ou internacionais, assumirem relevância, *nessa sua qualidade*, no nosso ordenamento jurídico interno» (VIEIRA DE ANDRADE, «Direitos F.», cit., p. 41).

[110] Neste sentido, vide também a defesa da superação dos "extremos antagonísticos" das teorias dos direitos fundamentais, a partir da Constituição, em HORST DREIER (coorden.), «Grundgesetz-Kommentar», 2.ª edição, tomo I, Tübingen, Mohr Siebeck, 2004, página 65.

3 – A Constituição Portuguesa da Cultura

A Constituição portuguesa trata das matérias culturais tanto de uma perspectiva objectiva – consagrando valores, princípios e regras de actuação, que instituem um Estado de Cultura –, como de acordo com uma dimensão subjectiva – garantindo posições substantivas de vantagem, individuais e colectivas, nas relações jurídicas de cultura, dotadas da natureza de direitos fundamentais. Uma tal diversidade de objecto e de metodologia de regulação do domínio fundamental da cultura não impede, contudo, a necessidade de procurar a unidade e a coerência desse tratamento, mediante a noção de "Constituição da Cultura", enquanto elemento constitutivo essencial da Constituição portuguesa (em sentido material e formal).

A perspectiva de autonomização conceptual da Constituição da Cultura (dentro do "todo" constitucional, bem entendido), de resto, está de acordo com o entendimento da "teoria da constituição como ciência da cultura" – que, como se tem vindo a demonstrar, faz do Direito Constitucional uma disciplina cultural e da cultura um dos objectos da(s) ciência(s) jurídica(s) –, na medida em que introduz, no interior da própria lei fundamental, a relação de interdependência recíproca entre esses dois domínios "do saber". Assim, a Constituição da Cultura – enquanto elemento essencial da Constituição – deve ser vista como uma manifestação própria da realização do Estado de Direito e da democracia – ao lado das suas demais dimensões, nomeadamente, política, económica, social. Até porque os próprios conceitos de Estado de Direito e de democracia são noções culturais, para não lhes chamar mesmo "conquistas culturais" ou "civilizacionais" das sociedades modernas[111].

---

[111] Neste sentido, vide PETER HÄBERLE, «Teoria de la C. como C. de la C.», cit., pp. 73 e ss...

Assim, da minha perspectiva, a constituição portuguesa da cultura não deve ser nem encarada como uma mera decorrência da democracia política, económica e social, nem confundida com as (sub)constituições política, económica ou social[112] (não obstante as íntimas ligações que mantém com essas "outras" dimensões da "mesma" lei fundamental[113]), da mesma maneira como o Direito Constitucional não deve ser considerado como uma simples ciência social. Esta "autonomia relativa" do cultural em face do político, do económico e do social, enquanto forma de

---

[112] Em sentido próximo – embora (pelo menos, aparentemente) sem uma tão acentuada autonomização da dimensão cultural –, GOMES CANOTILHO salienta que a Constituição portuguesa consagra a «democracia económica, social e cultural» (arts. 9.°, 80.° e 81.°), mas reconduz tais realidades ao "princípio da socialidade" (inspirado na lei fundamental alemã), como «núcleo firme do Estado Constitucional democrático» (GOMES CANOTILHO, «Direito C. e T. da C.», cit., p. 345). Acrescentando, mais adiante, que «o princípio da democracia económica e social tem manifestas incidências na chamada constituição cultural», e que tal princípio «não se limita, unilateralmente, a uma simples dimensão económica: quando se fala de prestações existenciais para assegurar uma "existência humana digna" pretende-se também aludir à indissociabilidade da "existência digna" de uma expressão cultural e, ao mesmo tempo, à inseparabilidade da "democracia cultural" (GOMES CANOTILHO, «Direito C. e T. da C.», cit., p. 349).

[113] Esta "ligação íntima" entre o cultural e o económico e o social manifesta-se, nomeadamente, nos exemplos indicados por GOMES CANOTILHO, quando refere que «a criação dos pressupostos concretos do direito à cultura e ensino (pressupostos materiais da igualdade de oportunidades) é condição inelimínavel de uma *real liberdade* de formação de desenvolvimento da personalidade (cfr. art, 73.°, n.° 2) e instrumento indispensável da própria *emancipação* (progresso social e emancipação democrática (art. 73.°, n.° 2)»; ou que «*igualdade de oportunidades*, *participação*, *individualização* e *emancipação*, são componentes do direito à educação e à cultura, e dimensões concretas implícitas no princípio da democracia cultural» (GOMES CANOTILHO, «Direito C. e T. da C.», cit. p. 349).
Mas, já me parece ser algo excessiva – e mesmo tributária de uma certa subalternização do cultural ao económico e ao social – a afirmação de que «as instituições democráticas do ensino e da cultura transformam-se, no quadro constitucional, em "mecanismos de direcção", conformadoras de *novas* estruturas sociais: progresso social e participação democrática (art. 73.°, n.° 2), ligação do ensino com as actividades económicas, sociais e culturais (art. 74.°, n.° 3, f)» (GOMES CANOTILHO). Tal como me parece igualmente discutível a referência ao «problema da *dependência social da socialização cultural*, ou seja, o significado das "barreiras culturais" para o acesso e êxito escolar (art. 74.°, n.° 1). Daí a existência de preceitos (até agora não cumpridos ou erradamente cumpridos), garantidores do acesso de todos os cidadãos à fruição e criação cultural (art. 74.°, n.° 3), do incentivo do acesso de todos aos cidadãos "aos meios e instrumentos da acção cultural"» (CANOTILHO, «Direito C. e T. da C.», cit. p. 350).

realização do Estado de Direito e da democracia (sem apelidos), encontra, de resto, justificação tanto de uma perspectiva de ordem cultural como constitucional.

De uma perspectiva cultural, em primeiro lugar, os juízos, as avaliações, as críticas, as análises e demais considerações intelectuais tendo por objecto a cultura devem ser realizados em razão dos seus próprios critérios e valores, e não funcionalizados à realização de objectivos "exteriores", de ordem política, económica ou social. Sirva de exemplo, a tendência (tão inútil como frequente) para classificar as manifestações artísticas em "revolucionárias" e "conservadoras", esquecendo que os critérios de valoração artística não são necessariamente coincidentes com os políticos – pode ser-se culturalmente "revolucionário" e politicamente "reaccionário" (v.g. o "futurismo italiano" e as simpatias pró-fascistas de muitos dos seus cultores, o anti-semitismo de WAGNER, as simpatias "autoritárias" de FERNANDO PESSOA, de CÉLINE ou de SALVADOR DALI), da mesma maneira como se pode ser politicamente "revolucionário" e culturalmente "reaccionário" (v.g. o "academismo" dos gostos estéticos de MARX e de LENINE, ou a apologia dos cânones do "neo-realismo" ou do "realismo socialista" por grupos radicais e de extrema-esquerda) –, assim como ignorando que tanto a "mudança" como a "conservação" são, em si mesmos, valores culturais em estado de permanente "conflito" e "compromisso".

Uma obra de arte vale por si, independentemente das opções políticas, filosóficas, religiosas ou sociais do respectivo autor ou mediador, ou da política pública que a promove e divulga, pelo que a Constituição cultural de um Estado democrático e de Direito deve ser aberta e pluralista, sem nunca "cair na tentação" (nos casos mais "venais", da propaganda, nos mais graves, do totalitarismo)[114] de colocar a cultura ao serviço de objectivos "exteriores" – numa frase, deve adoptar critérios de cultura "pura" (no sentido de não necessitados de validação "exterior") e não de cultura "para" (ao serviço de qualquer coisa).

Além de que a cultura, nas sociedades globalizadas e de massas como aquela em que vivemos, pode chegar a todos, ou a ninguém, por razões intrínsecas, que não se resumem a meros condicionalismos de ordem económica ou social. Daí que, tantas vezes, a "iliteracia cultural" tenha a configuração de um fenómeno transversal a todas as classes sociais e não de

---

[114] Vide IGOR GOLOMSTOCK, «L'Art Totalitaire (Union Soviétique, IIIe. Reich, Italie Fasciste, Chine)», éditions Carré, Paris, 1991.

uma realidade inerente a específicas realidades económicas ou sociais – v.g. o "telelixo" que, de acordo com os "estudos de mercado", tem como "público-alvo" as classes A ou B, e não a C; ou a "música pimba", que tanto é ouvida em feiras e arraiais populares como em "festas académicas" (v.g. "bailes de licenciatura", "queimas-das-fitas"); ou ainda a falta de hábitos de leitura e as reduzidas taxas de aquisição de livros, que atingem, por igual, todas as camadas da população. Pelo que o acesso à fruição cultural não pode ser colocado apenas em termos económicos ou sociais (ainda que também dependa deles, bem entendido), mas em termos autónomos e específicos, da mesma maneira como as políticas públicas de "combate à desigualdade cultural" não devem ser confundidas, tanto no que respeita a meios como a objectivos, com as de "combate à desigualdade social".

Em segundo lugar, de um ponto de vista jurídico, o legislador constituinte autonomizou a cultura, tanto no que concerne à tutela objectiva – vide, nomeadamente, o artigo 9.º, da Constituição, que reconhece a natureza de bens jurídicos fundamentais às realidades culturais, estabelecendo tarefas estaduais para a realização da democracia cultural (ao lado de outras, destinadas à realização da democracia política, económica ou social) –, como no que respeita à respectiva dimensão subjectiva – manifestada, nomeadamente, tanto na consagração de direitos fundamentais no domínio da cultura (vide os arts. 42.º, 73.º e 78.º), como na própria "arrumação das matérias", ao destacar um capítulo III (do Título III: "Direitos e Deveres Económicos, Sociais e Culturais", da Parte I) dedicado aos "Direitos e Deveres Culturais".

Mais ainda. Na perspectiva da autonomia do "cultural" relativamente ao "económico" e ao "social", bem andou a evolução constitucional, abandonando "resquícios ideológicos" de subordinação do primeiro aos segundos. Uma vez que «a revisão de 1989 esbateu a dimensão de princípio democrático-cultural vinculada a uma perspectiva laborista», deixando «de aludir a favorecimento de "filhos de classes trabalhadoras" ou mesmo a "trabalhadores" e "filhos de trabalhadores" (cfr. art. 76.º na versão originária de 1976 e na redacção de 1982)»; tal como a revisão constitucional de 1997 «eliminou os restos da compreensão "classista" do ensino (exs.: alteração do art. 78.º, n.º 2, alínea a, relativo à especial protecção dos trabalhadores no acesso à fruição e criação cultural)» (GOMES CANOTILHO)[115].

---

[115] GOMES CANOTILHO, «Direito C. e T. da C.», cit. p. 350.

Por tudo isto, se justifica autonomizar o tratamento da Constituição portuguesa da cultura, como componente essencial da nossa lei fundamental, analisando-a na sua dupla dimensão: objectiva, de Estado de cultura, e subjectiva, de direito fundamental à cultura.

3.1 – *Direito à Cultura e "Estado de Cultura"*

A Constituição portuguesa da cultura manifesta-se em todos os domínios e matérias constitucionais, nomeadamente: no âmbito dos "Princípios Fundamentais" (v.g. artigos 9.°, alíneas a, d, e, assim como o 11.°), dos "Direitos e Deveres Fundamentais" (v.g. artigos 42.°, 73.° n.os 1 e 3, 78.°), da "Organização Económica" (v.g. artigos 90.°, 101.°, 103.°, 105.°), da "Organização do Poder Político" (v.g. artigos 164.°, alíneas, 165.°, alíneas b, g, 225.°, n.° 1, 228.°, alíneas b, l, 232.°, n.° 1, 235.° n.° 1), da "Garantia e Revisão da Constituição" (v.g. artigo 288.°, alínea d). Daí que – à semelhança do constitucionalismo alemão[116] – se possa falar de um princípio de Estado de Cultura, como valor jurídico fundamental da ordem constitucional portuguesa.

É tal a relevância, tanto em termos quantitativos como qualitativos, atribuída à tutela objectiva da cultura, que faz todo o sentido considerar o princípio do Estado de Cultura como princípio fundamental da Constituição portuguesa. O que não significa a transferência da cultura para a órbita estadual, antes a consideração de que se trata de uma actividade da sociedade, que aos poderes públicos cabe promover e apoiar – e a prová-lo, lá está a consagração constitucional da cultura como direito fundamental dos

---

[116] De acordo com a doutrina e a jurisprudência alemã «considera-se que a Lei Fundamental consagra os seguintes «princípios constitucionais gerais»: «princípio democrático», «princípio do Estado federal», «princípio do Estado de Direito», «princípio do Estado Social», «princípio do Estado de Cultura»; princípio da «abertura ao Direito Internacional e à integração europeia» ("Voelkerrechtsfreundlichkeit und Europäische Integration") (FRANK FECHNER, «Medienrecht», 7.ª edição, Mohr Siebeck, Tübingen, 2006, páginas 44 e seguintes).

Sendo o princípio do Estado de Cultura uma construção doutrinária e jurisprudencial, que tem por "fundamento as atribuições e competências constitucionais do Estado federal ao nível da cultura", mas também as constantes das constituições dos estados, em que é «frequente encontrar-se a protecção da cultura» (FRANK FECHNER, «Medienrecht», cit., p. 56).

indivíduos e de entidades privadas. Muito menos pode significar a confusão entre "Estado de Cultura" e "Cultura de Estado", pois, num Estado democrático e de Direito, não cabe aos poderes públicos a manifestação de "gostos" estéticos ou de "preferências" culturais, antes compete a adopção de políticas de cultura abertas e plurais – e a prová-lo, lá está a proibição dos poderes públicos de "programar" (a educação e) a cultura "segundo quaisquer directrizes filosóficas, estéticas, políticas, ideológicas ou religiosas" (artigo 43.º, n.º 2, da Constituição)[117].

Nestes termos, o Estado de Cultura, segundo a Constituição portuguesa, encontra-se consagrado, desde logo, ao nível dos "Princípios Fundamentais". Já que ela é referida «no próprio pórtico da Constituição», «que contém, por assim dizer, o bilhete de identidade do nosso Estado constitucional» (CASALTA NABAIS)[118]. Assim, veja-se, nomeadamente:

– o artigo 9.º, da Constituição, que determina que são tarefas fundamentais do Estado:

– «garantir a independência nacional e criar as condições políticas, económicas, sociais e culturais que a promovam» (alínea a). O que significa que a cultura, na perspectiva da Constituição,

---

[117] Não estou, por isso, de acordo com a conclusão de PETER HÄBERLE, segundo a qual o artigo 43.º, n.º 2, da Constituição, consiste num «comando irrealizável», mesmo se concordo integralmente com as premissas de que «em sede de limites de direitos fundamentais e do cumprimento de tarefas culturais» «não há uma neutralidade pura», pelo que sendo «o Estado constitucional (...) um Estado cultural, a sua identidade cultural não subsiste sem valores» (PETER HÄBERLE, «Novos Horizontes e Novos Desafios do Constitucionalismo», Conferência Internacional sobre a Constituição Portuguesa, Lisboa, 26 de Abril de 1976, policopiado, páginas 13 e 14).

Da minha perspectiva, a proibição de programação da cultura não equivale a "neutralidade" axiológica, antes à necessidade de adopção de valores culturais abertos e plurais, capazes de conjugar inovação e tradição (de acordo com o paradigma, do próprio HÄBERLE, de uma "cultura aberta para uma sociedade aberta"), como é típico de Estados democráticos e de Direito. O Estado de Cultura, segundo a Constituição portuguesa é, pois, um Estado democrático e de Direito de Cultura.

[118] JOSÉ CASALTA NABAIS, «Introdução ao Direito do Património Cultural», Almedina, Coimbra, 2004, página 88. As afirmações de CASALTA NABAIS são feitas a propósito da tutela constitucional do património cultural, mas, por maioria de razão, são igualmente aplicáveis ao domínio, mais amplo, da protecção da cultura (sendo com este âmbito de aplicação mais alargado que vão ser utilizadas no presente trabalho).

respeita à própria existência autónoma da comunidade política, é uma condição de existência do Estado português;
- «promover o bem-estar e a qualidade de vida do povo e a igualdade real entre os portugueses, bem como a efectivação dos direitos económicos, sociais, culturais e ambientais (...)» (alínea d). Nestes termos, as políticas públicas devem ter em conta a realização dos direitos culturais, estabelecendo-se aqui uma conexão entre a tutela objectiva e a protecção subjectiva da cultura, entre as tarefas fundamentais do Estado e os direitos culturais. O que pressupõe, igualmente, uma "preferência" constitucional pela protecção da cultura pela via dos direitos culturais – equivalente à "preferência genérica" pela via da protecção dos direitos fundamentais (contida na alínea b, e na c, do mesmo artigo) sempre que está em causa a realização de tarefas estaduais –, que vai no sentido da conclusão, antes referida, de que ao Estado de cultura cabe promover e apoiar essa actividade, embora ela seja, em primeira linha, da responsabilidade dos indivíduos e da sociedade, em geral;
- «proteger e valorizar o património cultural português (...)» (alínea e). Daqui resultando o dever de defesa activa (protecção e valorização) do património cultural que, enquanto marca identitária do Estado português, representa uma tarefa prioritária e fundamental dos poderes públicos;
- «assegurar o ensino e a valorização permanente, defender o uso e promover a difusão internacional da língua portuguesa» (alínea f). Daqui resultando, por um lado, a ligação da cultura ao ensino, no quadro de uma formação (formal e informal) "ao longo da vida", que implica o acesso generalizado e constante dos cidadãos ao direito de fruição cultural; por outro lado, a necessidade de protecção e difusão da língua portuguesa como tarefa essencial do Estado, tanto na sua dimensão interna como internacional. O que vem lembrar que a cultura, enquanto bem jurídico e enquanto tarefa pública, não é uma realidade exclusivamente nacional, pelo que é necessário, não só proteger e difundir a cultura portuguesa no estrangeiro, como igualmente, tutelar internamente todas as manifestações culturais, independentemente da sua origem, no quadro de um Estado de Cultura "amigo da Europa", e "amigo de todos os povos" e "do Direito Internacional" (vide os artigos 7.º

e 8.º da Constituição[119]). A língua e a cultura portuguesas devem, por isso, ser defendidas activamente pelos poderes públicos, mas sem esquecer que elas são parte integrante da cultura europeia e da cultura mundial, as quais, de resto, devem ser consideradas como igualmente abrangidas pela protecção constitucional – pelo que, nomeadamente, se devem ter por inconstitucionais políticas de defesa da língua e da cultura portuguesa de cariz "isolacionista" ou "xenófobo";
– o artigo 11.º ("Símbolos nacionais e língua oficial"), que estatui acerca da "imagem" do Estado português, fazendo-a assentar em três elementos simbólicos de natureza cultural: a "bandeira nacional" (n.º 1), o "hino nacional" (n.º 2), a "língua oficial" (n.º 3).

Mas, o princípio do Estado de Cultura manifesta-se ainda na Parte I ("Direitos e Deveres Fundamentais") da Constituição, mesmo quando o que aí está em causa é a protecção subjectiva, realizada através do reconhecimento de direitos fundamentais (vide os artigos 42.º, 73.º e 78.º, que serão, mais adiante, objecto de análise detalhada). Isto, por um lado, porque a tutela objectiva (Estado de Cultura) e a tutela subjectiva (direitos fundamentais) são complementares e interpenetram-se reciprocamente; por outro lado, porque a consagração do direito fundamental à cultura, para além da sua natureza de direito subjectivo, apresenta também uma dimensão objectiva – integrando tarefas, deveres de actuação e princípios funcionalizados à realização do referido direito subjectivo –, que se relaciona directamente com o "Estado de Cultura".

Esta ligação entre tutela objectiva e protecção subjectiva da cultura apresenta numerosas consequências de ordem constitucional, projec-

---

[119] Diga-se, de passagem, que a "abertura à Europa" (em todas as suas dimensões, nomeadamente política, jurídica, económica, social) representa, hoje em dia, um dos traços mais marcantes da Constituição material portuguesa, mesmo se apenas se encontra referida, "de forma envergonhada e disfarçada", na "letra" do artigo 8.º, n.º 3 da Constituição. Verificando-se, aqui, um grave problema de incongruência entre a Constituição forma e a material, a necessitar de ser corrigido em futuras revisões constitucionais, sob pena de "falta de autenticidade das instituições" constitucionais (retomando aqui, ressalvadas as devidas diferenças, uma expressão de ADRIANO MOREIRA, a propósito da Constituição de 1933).

tando-se noutros direitos fundamentais e noutras tarefas estaduais[120]. Veja-se, nomeadamente, o exemplo da comunicação social, em que «a consagração do princípio de Estado de Cultura implica o dever estadual de elaboração de regulações de enquadramento ("Rahmenbedingungen"), nos termos das quais os meios de comunicação social tenham de incluir, nas respectivas programações, actividades culturais, especialmente artísticas, assim como ofertas culturais em sentido restrito ("kulturelle Angebote im engeren Sinne)» (FRANK FECHNER). Assim, o Estado de Cultura determina a necessidade de estipulação de deveres – por via legislativa, mas necessitada de posterior concretização administrativa (v.g. regulamentar, contratual) –, destinados a assegurar um "mínimo cultural de conteúdos" no domínio da comunicação social, a cargo tanto dos sujeitos públicos como dos privados titulares de órgãos de comunicação social. "Mínimo cultural" que deve ser garantido independentemente de constrangimentos económicos, pois, não deve estar condicionado por «quotas de mercado ou níveis de audiências ("Einschaltsquoten")» (FRANK FECHNER), da mesma maneira como não deve ser determinado por objectivos de natureza "ideológica", posto que «qualquer tomada de posição parcial do Estado favorável a uma qualquer tendência cultural, de entre várias em concorrência, deve considerar-se, logo à partida, como excluída» (FRANK FECHNER)[121].

O Estado de Cultura está presente também na Parte II da Constituição ("Organização Económica"), uma vez que representa não apenas o «cimento cultural da sociedade», mas também porque os fenómenos culturais são, em si mesmos, um «factor importante do desenvolvimento económico e social» (CASALTA NABAIS)[122]. Assim, podem ser referidos, designadamente:

– o artigo 78.º n.º 2, alínea e), que a título de previsão genérica (ainda no quadro da regulação constitucional dos direitos fun-

---

[120] Ligação entre tutela objectiva e protecção subjectiva que é também realçada por HÄBERLE, quando escreve que «qualquer liberdade cultural dotada de uma multiplicidade de aspectos é assegurada não só através da ampla protecção outorgada pelos direitos fundamentais, mas também pelas próprias estruturas organizativas» públicas e pelos meios de comunicação (PETER HÄBERLE, «Teoria de la C. como C. de la C.», cit., p. 93).

[121] FRANK FECHNER, «Medienrecht», 7.ª edição, Mohr Siebeck, Tuebingen, 2006, página 56.

[122] JOSÉ CASALTA NABAIS, «Introdução ao D. do P. C.», cit., p. 93.

damentais, mas com reflexos imediatos ao nível da constituição económica) obriga a «articular a política cultural e as demais políticas sectoriais». Daí a necessidade das normas relativas à Constituição económica serem compatibilizadas com as da Constituição cultural, obrigando a uma integração harmoniosa entre políticas económicas e culturais, uma vez que o desenvolvimento da economia não pode ser feito à "margem da cultura". Da mesma maneira como se verifica a consagração de um princípio de "desenvolvimento ambientalmente sustentável" (em face do artigo 66.º da CRP), há igualmente que considerar um "princípio de desenvolvimento culturalmente sustentável", em face da consagração constitucional do Estado de Cultura;
- o artigo 90.º (Objectivos dos planos) estabelece, como objectivo da planificação da actividade económica, a «coordenação da política económica com as políticas social, educativa e cultural». O que, mais uma vez, corresponde à necessidade das políticas públicas conciliarem o crescimento económico e social com o cultural, numa lógica de desenvolvimento integrado e sustentável;
- o artigo 101.º (Sistema financeiro") estabelece como finalidade do sistema financeiro a «aplicação dos meios financeiros ao desenvolvimento económico e social», o que (de acordo com uma interpretação sistemática, tendo em conta as normas antes referidas) inclui também necessariamente o desenvolvimento cultural;
- o artigo 103.º (Sistema fiscal") determina que o sistema fiscal «visa a satisfação das necessidades específicas do Estado» (n.º 1), entre as quais cabe, para o que agora nos interessa, incluir as culturais. Daí, que a consagração constitucional do princípio da legalidade fiscal (n.º 2) deva igualmente significar a necessidade de regulação do sistema fiscal tendo em conta a realização do "Estado de Cultura", nas múltiplas configurações que este pode assumir neste domínio, que vão desde benefícios e isenções fiscais incidentes sobre bens e actividades culturais, à admissibilidade de dações em pagamento de bens artísticos ou culturais como modalidade alternativa, ou supletiva, de cumprimento de obrigações fiscais. A este propósito, refira-se, a título de curiosidade, a questão, que tem sido muita discutida pela doutrina alemã, de saber qual a "medida certa" de conciliação de interes-

ses económicos e culturais, que deve estar pode detrás desta admissbilidade de dações em pagamento de bens culturais, assim como de saber em que medida é que ela pode ser, ou não, determinada por juízos de valor estético ou artístico[123];
- o orçamento é um instrumento essencial de Direito Financeiro, no qual se encontram discriminadas todas «as receitas e despesas do Estado» (artigo 105.°, n.° 1, alínea a, CRP), e que «é elaborado de harmonia com as grandes opções em matéria de planeamento e tendo em conta as obrigações decorrentes de lei ou de contrato» (n.° 2). O que significa que também o orçamento engloba as receitas e despesas, assim como reflecte as opções políticas fundamentais, em matéria de realização do Estado de Cultura.

É possível encontrar também o Estado de Cultura na Parte III da Constituição ("Organização do poder político"), «em sede quer da repartição vertical de atribuições entre o Estado, as Regiões Autónomas e os municípios, quer da repartição horizontal de atribuições entre o Governo e a Assembleia da República» (CASALTA NABAIS)[124]. Tal sucede, nomeadamente, a propósito:
- da consagração constitucional da autonomia regional. Isto, porque, segundo o artigo 225.° CRP (regime político-administrativo dos Açores e da Madeira), o estatuto autonómico dos arquipélagos dos Açores e da Madeira «fundamenta-se nas suas características geográficas, económicas e culturais» (n.° 1). Daí que a regulação das questões culturais, no âmbito regional, faça necessariamente parte dos poderes "próprios" das Regiões Autónomas, integrantes dos respectivos Estatutos (artigo 227.°), tanto no que se refere ao exercício de competências legislativas (pela Assembleia Legislativa Regional, nos termos dos artigos 227.° e 228.°), como no que diz respeito à realização da função administrativa (v. o artigo 227.°, n.° 1, alínea g);
- do estabelecimento constitucional do "poder local" (título VIII, da parte III), mediante o reconhecimento da «existência de autarquias locais» no âmbito da «organização democrática do Estado»

---

[123] Vide VOLKER EPPING, «Grundrechte», cit., pp. 95 e ss..
[124] JOSÉ CASALTA NABAIS, «Introdução ao D. do P. C.», cit., p. 94.

(artigo 235.º, n.º 1), as quais «visam a prossecução de interesses próprios [também de âmbito cultural] das populações respectivas» (art. 235.º, n.º 2);
- da estipulação de normas que consagram a reserva de competência legislativa da Assembleia da República, quer se trate de reserva absoluta, em que lhe compete, em exclusivo, legislar acerca do «regime dos símbolos nacionais» (artigo 164.º, alínea s); quer se trate de reserva relativa (que é, como se sabe, susceptível de delegação ao Governo, mediante lei de autorização), em que lhe compete legislar sobre o direito fundamental à cultura (que está incluído na previsão geral dos «direitos, liberdades e garantias» do artigo 165.º, n.º 1, alínea b, CRP), assim como sobre as «bases (...) do património cultural» (artigo 165.º, n.º 1, alínea g, CRP).

Mas, o Estado de Cultura, enquanto princípio fundamental da Constituição portuguesa, surge ainda na parte IV ("Garantia e Revisão da Constituição"), no âmbito dos limites materiais de revisão constitucional (artigo 288.º CRP). O que resulta, nomeadamente, das considerações seguintes:
- o estabelecimento de uma cláusula de limites materiais de revisão constitucional destina-se a garantir o "núcleo essencial" dos princípios da constituição material. Ora, por tudo o que antes se deixou dito, não deve haver dúvidas de que o princípio do Estado de Cultura (ou, se se preferir, do Estado de Direito de Cultura) é uma componente essencial da Constituição portuguesa, pelo que se encontra implicitamente consagrado na referida cláusula de limites;
- o Estado de Cultura, enquanto princípio fundamental de organização do poder político, encontra-se ainda implícito nas previsões de garantia da «independência nacional» e de «unidade do Estado» (alínea a), de «autonomia das autarquias locais» (alínea n), de «autonomia político-administrativa dos arquipélagos dos Açores e da Madeira» (alínea o);
- os direitos fundamentais encontram-se expressamente consagrados enquanto limites materiais de revisão constitucional (alínea d: «os direitos, liberdades e garantias dos cidadãos»). Daí resultando o que o direito fundamental à cultura, constitucionalmente protegido, é (explicitamente) abrangido por essa garantia especial de protecção.

Em síntese, a cultura encontra-se presente em todos os domínios da Constituição portuguesa, tanto no que se refere à regulação fundamental do Estado-poder (v.g. princípios fundamentais, organização do poder político, garantia constitucional) como do Estado-sociedade (v.g. direitos fundamentais, constituição económica). Daí resultando a necessária consideração do Estado de Cultura como parte integrante essencial da nossa Constituição.

3.2 – *O direito fundamental à cultura*

3.2.1 – *A multiplicidade de "faces" do direito à cultura na Constituição Portuguesa (artigos 42.°, 73.°, n.° 1 e 3, 78.°). Direito ou Direitos Fundamentais? Constituição e status culturalis*

É tempo de retomar as considerações anteriores, no sentido de uma primeira aproximação à noção jurídica de direito fundamental. A análise da evolução histórica e das sucessivas tentativas de reconstrução dogmática demonstram bem a existência de uma "identidade cultural" entre todos os direitos fundamentais (independentemente do momento do seu surgimento e das respectivas características específicas).

Daí resultando a identidade de natureza jurídica de todos os direitos fundamentais, no seu duplo fundamento de unidade axiológica – pois, todos eles radicam na dignidade da pessoa humana – e de unidade estrutural – pois, todos eles (independentemente de pertencerem à "primeira", à "segunda" ou à "terceira geração"; ou da respectiva "arrumação" em categorias classificatórias, como a que distingue os direitos, liberdades e garantias, dos direitos económicos, sociais e culturais) apresentam uma configuração uniforme, que se desdobra numa esfera negativa, que obriga à abstenção de agressão de entidades públicas (e privadas) e que confere um direito de defesa contra as referidas agressões, e numa esfera positiva, que determina deveres de intervenção a cargo dos poderes públicos (e também de privados) para a realização dessas posições subjectivas, seja mediante actuações concretas e determinadas (e que, por isso mesmo, podem ser configuradas como direitos subjectivos), seja através de medidas vagas e indeterminadas (que permitem ao legislador e demais poderes públicos uma ampla "margem de manobra" para a sua concretização e que, também por isso, não podem, nessa medida, ser entendidas como direitos subjectivos).

Os direitos fundamentais caracterizam-se, assim, do ponto de vista estrutural, pela sua «dupla natureza» (HESSE)[125], uma vez que, para além da dicotomia esfera negativa / esfera negativa, podem ainda ser decompostos de acordo com a dicotomia direitos subjectivos / estruturas objectivas da colectividade ou do ordenamento jurídico. Mas, verifica-se igualmente uma tendência generalizada da doutrina no sentido de acentuar essa lógica dualista, ao estabelecer a correspondência entre essas duas dimensões, considerando que os direitos fundamentais são direitos subjectivos, na medida da sua dimensão negativa, e são estruturas objectivas da colectividade, na medida da sua dimensão positiva.

Pela minha parte (na linha da orientação antes referida, e que tenho defendido)[126], venho agora propor uma ligeira reformulação do conceito de direito fundamental, considerando que os dois pares de dimensões estruturais (negativa / subjectiva e positiva / objectiva) não têm de ser necessariamente coincidentes. Pois (conforme, adiante, melhor se explicitará), se é certo que os direitos fundamentais são direitos subjectivos na medida da sua esfera negativa, contudo, esta última não esgota todo o âmbito da protecção jurídica subjectiva, a qual existe também, na respectiva esfera positiva, tanto nos casos em que das normas constitucionais resultem deveres a cargo dos poderes públicos respeitantes à adopção de condutas certas e indeterminadas, como relativamente ao (genérico) dever de adopção de uma qualquer conduta necessária, por parte dos poderes públicos, para assegurar um "mínimo" de concretização do direito fundamental. Mas, a esta "revisitação" doutrinária do conceito de direito fundamental se voltará, mais adiante, depois de se proceder à caracterização do direito fundamental à cultura.

O direito fundamental à cultura surge, na Constituição portuguesa, dotado de múltiplas "faces", encontrando-se consagrado tanto ao nível dos "direitos, liberdades e garantias" (artigo 42.º, n.ºs 1 e 2)[127] como dos

---

[125] KONRAD HESSE, «Grundzüge des Verfassungsrechts der Bundesrepublik Deutschland», 20.ª edição, MÜLLER, Heidelberg, 1995, páginas 127 e seguintes.

[126] Vide VASCO PEREIRA DA SILVA, «Verdes São T. os D. do H. – R. A. em M. de A.», cit., pp. 9 e ss..; «Verde C. de D. – L. de D. do A.», cit., pp. 84 e ss..

[127] O direito à cultura é regulado, enquanto direito, liberdade e garantia (Parte I – Direitos e deveres fundamentais, Título II – Direitos, liberdades e garantias,

"direitos económicos, sociais e culturais" (artigos 73.°, n.ºs 1 e 3, 78.°)[128]. E vai desdobrar-se em diversas normas, que vão da garantia imediata de protecção dos particulares ao estabelecimento de deveres, tarefas e princípios a cargo dos poderes públicos, passando ainda pelo estabelecimento de deveres dos particulares. Temos, assim, por um lado, um tratamento dicotómico ou bipolar, assente numa (aparentemente) intencionada «distinção nítida entre a liberdade cultural e a democracia cultural, consagrando a primeira no título relativo aos direitos, liberdades e garantias, e deixando a segunda para o título relativo aos direitos económicos, sociais e culturais» (JOSÉ AUGUSTO SEABRA)[129]. Por outro lado, temos um conjunto de normas de conteúdo, objecto e sujeitos muito diferenciados, mas que podem ser reconduzidas a três categorias de posições jurídicas subjectivas, a saber: consagração de direitos dos particulares, consagração de deveres dos particulares, consagração de deveres a cargo dos poderes públicos.

Capítulo I – Direitos, liberdades e garantias pessoais), no artigo 42.° (Liberdade de criação cultural), estabelecendo-se no n.° 1, que «é livre a criação intelectual, artística e científica», e no n.° 2, que «esta liberdade compreende o direito à invenção, produção e divulgação da obra científica, literária ou artística, incluindo a protecção legal dos direitos de autor».

[128] O direito à cultura é regulado, enquanto direito económico, social e cultural (Parte I – Direitos e deveres fundamentais; Título III – Direitos e deveres económicos, sociais e culturais; Capítulo III – Direitos e deveres culturais), no artigo 73.° (Educação, cultura e ciência), que estabelece, no n.° 1, que «todos têm direito à educação e à cultura», no n.° 3, que «o Estado promove a democratização da cultura, incentivando e assegurando o acesso de todos os cidadãos à fruição e criação cultural, em colaboração com os órgãos de comunicação social, as associações e fundações de fins culturais, as colectividades de cultura e recreio, as associações de defesa do património cultural, as organizações de moradores e outros agentes culturais»; e no artigo 78.° (Fruição e criação cultural), que estabelece, no n.° 1, que «todos têm direito à fruição e criação cultural, bem como o dever de preservar, defender e valorizar o património cultural», no n.° 2, que «incumbe ao Estado, em colaboração com todos os agentes culturais: a) incentivar e assegurar o acesso de todos os cidadãos aos meios e instrumentos de acção cultural, bem como corrigir as assimetrias existentes no país em tal domínio, b) apoiar as iniciativas que estimulem a criação individual e colectiva, nas suas múltiplas formas e expressões, e uma maior circulação das obras e dos bens culturais de qualidade, c) promover a salvaguarda e a valorização do património cultural, tornando-o elemento vivificador da identidade cultural, d) desenvolver as relações culturais com todos os povos, especialmente os de língua portuguesa, e assegurar a defesa e a promoção da cultura portuguesa no estrangeiro, e) articular a política cultural e as demais políticas sectoriais.

[129] JOSÉ AUGUSTO SEABRA, «Os Direitos e os Deveres Culturais», in «Estudos Sobre a Constituição», 3.° volume, Petrony, Lisboa, páginas 355 e 356.

Numa apreciação mais aprofundada, realizando uma espécie de "radiografia" das normas constitucionais referentes ao direito à cultura, pode-se considerar que elas consagram:

a) cinco "tipos" de direitos subjectivos fundamentais: o direito de criação cultural, o direito de fruição cultural, o direito de participação ou de "quota-parte" nas políticas públicas de cultura, o(s) direito(s) de autor e o direito de fruição do património cultural. Destes, os três primeiros podem ser considerados, do ponto de vista do respectivo conteúdo, como sendo de carácter geral – os direitos de criação cultural, de fruição cultural, e de participação nas políticas públicas de cultura -; e dois de carácter especial – o direito de autor (de natureza especial em relação ao direito de criação cultural) e o direito de fruição do património cultural (especial relativamente ao de fruição cultural);
b) um dever fundamental dos particulares (em matéria de defesa e de valorização do património cultural);
c) um grande número de deveres, tarefas, e princípios jurídicos de actuação dos poderes públicos, que se encontram "funcionalizadas" à realização imediata das posições jurídicas subjectivas fundamentais (assim se distinguindo das demais tarefas estaduais integrantes do "Estado de cultura").

A Constituição portuguesa confere, assim, protecção subjectiva directa em matéria cultural, nomeadamente, através:

1) do direito de criação cultural (art. 42.º, n.º 1 e 73.º, n.º 3, 78.º, n.º 1, CRP). Tal direito surge, na Constituição portuguesa, referenciado como liberdade de criação intelectual e artística (artigo 42.º) e como direito de criação cultural (artigos 73.º, n.º 3, 78.º, n.º 1). Mas trata-se, em todos os casos, de "uma" e da "mesma" coisa: da protecção jurídico-subjectiva da criação intelectual e artística – ou cultural. A razão deste aparente desdobramento decorre da evolução do direito à criação cultural, que nasceu com uma dimensão meramente negativa, como liberdade em face do poder – com a "primeira geração" dos direitos fundamentais –, para adquirir, depois, também uma dimensão positiva, que implica deveres de actuação dos poderes públicos para a garantia

dessa liberdade (que podem ir, desde a simples garantia legislativa, administrativa e jurisdicional do exercício do direito, ao fomento da criação cultural) – com a "segunda geração" dos direitos fundamentais –, assim como adquiriu ainda o significado de garantia de participação activa do criador, que amplia o exercício da sua própria liberdade criadora – com a "terceira geração" dos direitos fundamentais. Ora, como o legislador constituinte, ao regular esta matéria, adoptou a "enganadora dicotomia" de "separação" dos direitos, liberdades e garantias dos direitos económicos, sociais e culturais, viu-se obrigado, em muitos casos – como sucedeu, precisamente, no caso do direito à cultura – a tratar do mesmo direito em "títulos" diferentes, consoante estava em causa a respectiva dimensão negativa ou positiva, optando assim pelo "método da repetição". Mas, o que está em causa é ainda – e sempre – o mesmo direito de criação cultural, cujo conteúdo se foi enriquecendo e evoluindo, conjugando dimensões negativas com positivas, em resultado das alterações do tempo e das circunstâncias que estão na origem da "sucessão de gerações" dos direitos fundamentais. O que está em causa não é, portanto, uma mera "relação de dependência" entre realidades distintas, resultante da simples consideração do direito de criação cultural como «inseparável da liberdade de criação intelectual, artística e científica (pois não é possível criação cultural sem liberdade)» (JORGE MIRANDA)[130], mas antes de uma "questão de identidade", pois a liberdade e o direito de criação cultural são "duas faces da mesma moeda", correspondentes às vertentes negativas e positivas da mesma posição jurídica subjectiva, não sendo, por isso, possível dissociá-las.

Refira-se ainda, de passagem, que a Constituição associa também as liberdades de criação científica e cultural (art. 42.º, n.º 1), mas, não obstante as similitudes entre ambas, enquanto "liberdades de espírito" (que integram a, antes referida, acepção intermédia de cultura), julgo haver vantagens em tratar autonomamente das

---

[130] JORGE MIRANDA, «Artigo 78.º (anotação)», in JORGE MIRANDA / RUI MEDEIROS, «Constituição Portuguesa Anotada», tomo I, Coimbra Editora, Coimbra, 2005, página 746.

questões do direito de criação cultural e do direito de criação científica, pois cada uma delas apresenta problemas específicos a exigir tratamento próprio, pelo que, para este efeito, da dogmática dos direitos fundamentais, adopta-se, de ora em diante, uma acepção restrita de cultura[131];

2) do direito de fruição cultural (artigos 73.°, n.° 1, 78.°, n.° 1). Nas modernas sociedades democráticas todas as pessoas devem ter acesso à cultura, pelo que, para além do direito fundamental de criação cultural, é preciso garantir igualmente o direito fundamental de fruição cultural. O direito de fruição cultural surgiu, assim, ligado à afirmação da necessidade do Estado criar condições de acesso de todas as pessoas aos bens culturais, ou seja, como um direito à actuação dos poderes públicos para obter tal resultado (com a "segunda geração" de direitos fundamentais), mas, nem por isso, ele deixa de possuir igualmente uma dimensão negativa, enquanto direito de defesa contra agressões de entidades públicas e privadas na "liberdade" individual de fruir tais bens (na lógica da "primeira geração dos bens culturais). Daí, o facto da Constituição se ter ocupado dele, enquanto direito económico, social e cultural (nos artigos 73.°, n.° 3, e 78.° CRP), visando assegurar «o direito de fruição cultural ou de acesso aos bens e instrumentos de acção cultural (literatura, teatro, cinema, etc.), assim como às obras e bens culturais de qualidade» (artigo 78.°, n.° 2, alíneas a, b) (JORGE MIRANDA)[132].

A "catalogação constitucional" no título relativo aos direitos económicos, sociais e culturais não significa, porém, como se disse, que o direito de fruição cultural não possua igualmente uma dimensão negativa, enquanto "direito de defesa" contra agressões (públicas e privadas) da liberdade de gozar dos bens culturais (v.g. obrigando à "abstenção" de actuações discriminatórias, ou

---

[131] No mesmo sentido, de separação do tratamento dogmático da liberdade artística e da liberdade científica, não obstante todas as similitudes que apresentam, vide IPSEN, que esclarece que «a arte não deve ser apenas distinguida da "não-arte", mas também da ciência. A arte é criação ou interpretação criadora de obras de arte» (JÖRN IPSEN, «Staatsrecht II – G.», cit., p. 145).

[132] JORGE MIRANDA, «Artigo 78.° (a.)», cit., in JORGE MIRANDA / RUI MEDEIROS, «Constituição P. A.», tomo I, cit., p. 746.

impedindo a criação de condicionamentos ilegítimos no acesso aos bens culturais). Tal como não significa que a fruição cultural se possa desligar do todo, que é o direito fundamental à cultura, pelo que bem fez a Constituição portuguesa ao colocar, lado a lado, os direitos de criação e de fruição cultural (art. 73.º, n.º 3, CRP), pois, «sem criação, não pode verificar-se fruição cultural. Tal como, reciprocamente, só pode criar cultura quem fruir cultura» (JORGE MIRANDA)[133]. Interdependência, essa, entre liberdade de criação e de fruição, que se coloca tanto ao nível da respectivas dimensões positivas como negativas, como consequência da "dupla natureza" estrutural do direito fundamental à cultura, não sendo, por isso, necessário que as normas constitucionais a tenham de "repetir" em sede de direitos, liberdades e garantias e de direitos económicos, sociais e culturais (ou vice--versa). Daí que não possa acompanhar a interpretação – que, com todo o respeito, julgo enfermar de um "excesso de formalismo dualista" – de considerar que a "interdependência da liberdade de criação e da liberdade de fruição cultural" deve, «sem prejuízo de que dispõe o artigo 78.º, ter-se por implícita no artigo 42.º» (JORGE MIRANDA)[134]. Pois, da minha perspectiva, sendo a "liberdade" e o "direito" de fruição cultural um só e o mesmo direito, basta afirmar essa interdependência numa única sede, não sendo necessário desdobrar o seu tratamento ao nível dos direitos, liberdades e garantias e dos direitos económicos, sociais e culturais;

3) do direito de participação no "espaço público" da cultura (artigos 73.º, n.º 3 e 78.º, n.º 2, CRP). Trata-se aqui de direitos de participação, ou "direitos de quota-parte" nas actividades culturais, que podem ser tanto de natureza individual como colectiva (relativos a simples agrupamentos de indivíduos ou a pessoas colectivas)[135]. Estes direitos resultam da revalorização da ideia de "procedimento público" e de "participação", que anda asso-

---

[133] JORGE MIRANDA, «Artigo 42.º (anotação)», in JORGE MIRANDA / RUI MEDEIROS, «Constituição P. A.», tomo I, cit., p. 453.

[134] JORGE MIRANDA, «Artigo 42.º (anotação)», in JORGE MIRANDA / RUI MEDEIROS, «Constituição P. A.», tomo I, cit., p. 453.

[135] Estes direitos colectivos, segundo a Constituição, podem pertencer a entidades tão variadas como, nomeadamente, "órgãos de comunicação social", "associações e fun-

ciada à terceira geração de direitos fundamentais. Nestes termos, por um lado, qualquer direito fundamental deve ser entendido como uma "garantia de procedimento" (GÖRLICH)[136], cabendo às autoridades públicas o dever de encontrar a via procedimental mais adequada para o respectivo exercício, no quadro das relações públicas (e privadas) dele decorrentes. Por outro lado, essas mesmas garantias de procedimento (e de processo) possuem um valor jurídico próprio – tanto do ponto de vista objectivo, enquanto mecanismos de formação da vontade e de actuação dos poderes públicos adequadas a um Estado democrático e de Direito; como de uma perspectiva subjectiva, enquanto instrumentos jurídicos necessários para preservar a dignidade da pessoa humana na vida social –, devendo, por isso, ser consideradas como autónomos direitos fundamentais.

Mais. A consagração como direitos fundamentais dos direitos de participação ou de quota-parte implica ainda que eles não devam ser vistos apenas no seu significado imediato, da titularidade de direitos de procedimento e de processo por parte de indivíduos ou de entidades colectivas, mas também, num sentido mais amplo, enquanto instrumentos jurídico-subjectivos destinados a garantir um espaço próprio de autodeterminação dos sujeitos, que é condição da realização da dignidade da pessoa humana no espaço social. Assim, em minha opinião, o direito de participação cultural deve ser entendido em sentido amplo, compreendendo tanto os direitos de procedimento (e de processo) na definição e na concretização das políticas públicas culturais (v.g. direitos de audiência, de fundamentação, de impugnação contenciosa), como também o próprio exercício dos direitos culturais que, numa sociedade democrática, constitui um instrumento de cidadania. Isto porque, dada a interligação entre a criação e a fruição cultural, assim como entre o "privado" e o "público" no domínio cultural, o simples exercício dos direitos culturais cons-

---

dações de fins culturais", "colectividades de cultura e recreio", "associações de defesa do património cultural", "organizações de moradores" e "outros agentes culturais" (artigo 73.º, n.º 3, CRP).

[136] HELMUT GÖRLICH, «Grundrechte als Verfahrensgarantien», 1.ª edição, Nomos, Baden-Baden, 1981.

titui, simultaneamente, uma manifestação de autonomia e de liberdade individuais e uma "forma de participação" no "espaço público" da cultura. De facto, nas sociedades pós-industriais em que vivemos – caracterizadas, entre outras coisas, pela "interacção comunicacional" (HABERMAS)[137] –, o exercício do direito de fruição cultural por parte de um cidadão, ou grupo de cidadãos, aumenta as possibilidades de fruição cultural dos demais, no "mercado da cultura", assim como fomenta a criação cultural; enquanto que, por seu lado, o exercício do direito de criação cultural cria as condições para o surgimento de novas criações, do próprio e de outros, assim como favorece a fruição cultural, em razão do incremento e da diversificação da oferta cultural;

4) do(s) direito(s) de autor constitucionalmente garantido(s) com a natureza de direito fundamental (artigo 42.°, n.° 2 CRP). Mas se, em minha opinião, conforme adiante melhor se verá, os direitos de autor são de considerar como direitos subjectivos fundamentais, na doutrina portuguesa, contudo, a discussão tem surgido, antes, acerca da natureza de garantia institucional da previsão constitucional em causa, havendo alguma polémica quanto às questões de saber qual o respectivo âmbito de aplicação e qual o regime jurídico aplicável (vide as posições sustentadas por JORGE MIRANDA e OLIVEIRA ASCENSÃO[138]).

Acerca do problema do âmbito de aplicação, considera OLIVEIRA ASCENSÃO que a «garantia constitucional do direito do autor» significa que «terá de existir o "instituto do direito de autor" na ordem jurídica portuguesa. A abolição do instituto por lei

---

[137] Sobre a questão, vide JÜRGEN HABERMAS, «Théorie de l' Agir Communicationnel» (trad. franc.), tomos I e II, Fayard, Paris, 1987 ; «A Crise da Legitimação no Capitalismo Tardio» (trad.), 2.ª edição, Tempo Brasileiro, Rio de Janeiro, 1994; «Between Facts and Norms» (trad. ing.), Polity Press, Cambridge, 1996.

[138] Vide JORGE MIRANDA, «A Constituição e os Direitos de Autor», in «Direito e Justiça, volume VIII, tomo I, 1994, páginas 47 e seguintes, tb. CRP Anotada – Vide também Anotação art. 42.°; OLIVEIRA ASCENSÃO, «Direitos de Autor e Direitos Fundamentais», in «Perspectivas Constitucionais – Nos 20 Anos da Constituição de 1976», volume II, Coimbra Editora, Coimbra, 1997, páginas 181 e seguintes; OLIVEIRA ASCENSÃO, «O Direito de Autor no Ciber-Espaço», in «Portugal-Brasil Ano 2000 – Tema Direito», Boletim da Faculdade de Direito da Universidade de Coimbra, Coimbra Editora, Coimbra, 1999, páginas 83 e seguintes.

ordinária não pode deixar de ser considerada inconstitucional»[139]. Além disso, defende ser necessário distinguir a «garantia institucional da garantia individual do direito de autor», sendo a primeira garantida pelo artigo 42.º, enquanto que a segunda seria garantida pelo direito de propriedade (artigo 62.º CRP)[140]. Por seu lado, sustenta JORGE MIRANDA que a previsão constante do artigo 42.º da Constituição «significa que ficam garantidos (para usar a linguagem corrente) tanto os direitos morais como os materiais de autor (pois só por causa destes faz sentido, não é redundante o preceito constitucional acabado de citar»[141]. Isto, para além de considerar que «a garantia institucional do direito de autor surge como corolário do direito de invenção, produção e divulgação da obra cultural», pelo que «ficam abrangidos tanto os direitos morais como os direitos patrimoniais de autor – sendo aqueles os que se ligam à paternidade, genuinidade e integridade da obra e estes os respeitantes à sua disposição, fruição e utilização» (JORGE MIRANDA)[142]. Pelo que JORGE MIRANDA acrescenta ainda que a garantia institucional dos direitos de autor não deve ser colocada tanto relativamente à propriedade, mas antes referida à «ligação directa e imediata desses direitos materiais à liberdade», bem como ao «trabalho (a propriedade intelectual é sempre fruto do trabalho)»[143].

---

[139] OLIVEIRA ASCENSÃO, «Direitos de A. e D. F.», cit., in «Perspectivas C. – Nos 20 A. da C. de 1976», cit., vol. II, p. 181.

[140] Embora, algo paradoxalmente, OLIVEIRA ASCENSÃO acrescente ainda que «o direito de autor não se reconduz a uma propriedade, antes é com ela incompatível. Mas temos acentuado também que, sob as referências à "propriedade" feitas na Economia Política, na Filosofia do Direito ou Direito Constitucional, se abrangem afinal todos os direitos patrimoniais. Pelo que o art. 62.º da CRP abrange realmente o direito patrimonial de autor» (OLIVEIRA ASCENSÃO, «Direitos de A. e D. F.», cit., in «Perspectivas C. – Nos 20 A. da C. de 1976», cit., vol. II, p. 182).

[141] JORGE MIRANDA, «A Constituição e os D. de A.», cit., in «Direito e J.», vol. VIII, tomo I, cit., pp. 47 e ss..

[142] JORGE MIRANDA, «Artigo 42.º (anotação)», in JORGE MIRANDA / RUI MEDEIROS, «Constituição P. A.», tomo I, cit., p. 454.

[143] JORGE MIRANDA, «Artigo 42.º (anotação)», in JORGE MIRANDA / RUI MEDEIROS, «Constituição P. A.», tomo I, cit., p. 454.

No que respeita ao problema do regime jurídico aplicável ao que considera ser uma garantia institucional decorrente do direito de propriedade, OLIVEIRA ASCENSÃO entende que «deve haver protecção legal dos direitos de autor, mas isso não significa que esses direitos representem *ipso facto* direitos, liberdades e garantias»[144]. Adoptando uma noção restritiva de direitos, liberdades e garantias, e considerando que o direito de propriedade é um direito económico social e cultural, OLIVEIRA ASCENSÃO conclui, então, que a garantia institucional dos direitos de autor não está abrangida pelo regime jurídico dos direitos, liberdades e garantias, nem mesmo por interpretação analógica. Com o argumento de que «o legislador quando delimitou os direitos, liberdades e garantias, dentro dos direitos fundamentais, indicou com muita clareza o âmbito do regime que para esses DLG's estabeleceu. Não poderia ter caído na incongruência de anular a seguir a fronteira nítida que traçara, estendendo-a a direitos que separara daquele núcleo». Pelo que a «existência de direitos fundamentais de natureza análoga entre os que o próprio legislador constitucional afastou dos direitos, liberdades e garantias deve assim ser excluída. A admitir-se só poderá ser ocorrência excepcional, que nunca será de presumir» (OLIVEIRA ASCENSÃO)[145]. Em sentido contrário, JORGE MIRANDA argumenta que (mesmo adoptando uma posição distinta da sua) a «propriedade privada (sobre coisas corpóreas) tem uma natureza que se reconduz à dos direitos, liberdades e garantias», embora considere antes que os «direitos de autor não só traduzem em si mesmos essa autonomia como derivam essencialmente do seu exercício, do exercício da liberdade pessoal de criação. E é, por isso, que eles recebem à luz da ideia de direito da Constituição de 1976, um protecção mais alargada ou reforçada»[146].

---

[144] OLIVEIRA ASCENSÃO, «Direitos de A. e D. F.», cit., in «Perspectivas C. – Nos 20 A. da C. de 1976», cit., vol. II, p. 187.

[145] OLIVEIRA ASCENSÃO, «Direitos de A. e D. F.», cit., in «Perspectivas C. – Nos 20 A. da C. de 1976», cit., vol. II, pp. 191 e 192.

[146] JORGE MIRANDA, «Artigo 42.º (anotação)», in JORGE MIRANDA / RUI MEDEIROS, «Constituição P. A.», tomo I, cit., p. 454. Nesse mesmo sentido vide JOSÉ AUGUSTO SEABRA, «Os Direitos e os D. C.», cit., in «Estudos Sobre a C.», 3.º vol., cit., pp. 356 e 357.

Pela minha parte, mesmo se me encontro mais próximo do argumentário de Jorge Miranda, nesta polémica, considero que a questão não se encontra devidamente "centrada", uma vez que tudo gira em torno da qualificação – comum a ambos contendores – da protecção dos direitos de autor como uma mera garantia institucional de natureza objectiva, quando em minha opinião, se deve antes colocar a questão de saber se não nos encontramos perante um verdadeiro direito fundamental, de natureza subjectiva. E isto, pela seguinte ordem de razões:

a) a intenção clara do legislador constituinte, decorrente tanto do "espírito da Constituição – ao adoptar uma noção ampla e aberta de direitos fundamentais – como do contexto sistemático e da análise literal do artigo 42.º, n.º 2, CRP – que se encontra situado no título relativo aos DLG's, no artigo relativo à "liberdade de criação cultural", para além da própria formulação adoptada referir expressamente que essa liberdade «compreende (...) a protecção legal dos direitos de autor» (sublinhe-se, mesmo, que o vocábulo utilizado é "protecção", que acentua a dimensão subjectiva, e não "garantia", de recorte mais objectivo). Daí resultando, inequivocamente, que os direitos de autor são direitos fundamentais, cuja protecção constitucional é uma consequência do (também ele) direito fundamental de criação cultural (e não do direito de propriedade), e que gozam do regime jurídico dos direitos, liberdades e garantias;

b) mesmo que se considerasse, a benefício da discussão, que o preceito legal relativo aos direitos de autor se encontrava formulado de maneira objectiva – o que, como antes se referiu, não é o caso –, ainda assim, tal não impediria a interpretação de tal "garantia" como a "face visível" de um direito fundamental implícito (até porque, como é sabido, todos os direitos fundamentais apresentam uma "dupla natureza", simultaneamente subjectiva e objectiva). Refira-se, de passagem, que este fenómeno de atribuição de um direito fundamental sob a aparência de uma formulação objectiva, parece verificar-se precisamente na Lei Fundamental alemã, com a consagração da liberdade artística. Já que, aí, como refere Volker Epping, «a fórmula constitucional ("a cultura é livre") está enunciada como uma garantia objectiva [garantia institucional], mas ela confere um direito de liberdade individual ("individuelles Freiheitsrecht")»[147];

c) o entendimento dos direitos de autor como direitos fundamentais (como faz a actual Constituição), corresponde, além do mais, a uma "tradição constitucional" portuguesa, que remonta à Constituição de 1826 (vide o parágrafo 24.º, do artigo 145.º da Carta Constitucional)[148];

d) mas – como se todos os argumentos anteriores não bastassem –, ainda se pode invocar o princípio da atipicidade, ou da cláusula aberta, segundo o qual, «os direitos fundamentais consagrados na Constituição não excluem quaisquer outros constantes das leis e das regras aplicáveis de direito internacional» (art. 16.º, n.º 1, CRP). Ora, os "direitos humanos de autor" encontram-se consagrados no Direito Internacional, nomeadamente, na Declaração Universal dos Direitos do Homem[149], onde se estipula que «todos têm direito à pro-

---

[147] VOLKER EPPING, «Grundrechte», cit., p. 96.

[148] Conforme estipulava o artigo 145.º, parágrafo 24.º, da Carta Constitucional, «os inventores terão a propriedade das suas descobertas ou das suas produções. A lei assegurará um Privilégio exclusivo temporário, ou lhes remunerará em ressarcimento da perda que hajam de sofrer pela vulgarização».

[149] Acerca desta questão, OLIVEIRA ASCENSÃO alega que: 1) «a Declaração Universal do Direitos do Homem não é um tratado internacional, é uma Declaração da Assembleia Geral das Nações Unidas de 10 de Dezembro de 1948»; 2) o "sentido" do artigo 16.º, n.º 2, da Constituição «não é o de integrar todo o texto da Declaração Universal dos Direitos do Homem na Constituição portuguesa, fazendo dos seus preceitos textos constitucionais internos», mas «é antes o de tomar a Declaração como elemento hermenêutico auxiliar da Constituição portuguesa» (OLIVEIRA ASCENSÃO, «Direitos de A. e D. F.», cit., in «Perspectivas C. – Nos 20 A. da C. de 1976», cit., vol. II, p. 189).

Mas, salvo o devido respeito, tal argumentação é improcedente. Isto, porque: 1) a Declaração Universal dos Direitos do Homem, independentemente do seu valor jurídico--formal, é uma fonte material de Direito Internacional geral ou comum, que declara princípios fundamentais internacionais imperativos, comummente aceites (e que alguns consideram mesmo constituírem parte integrante da noção de *ius cogens*); 2) a recepção dos direitos de autor, proclamados na Declaração Universal dos Direitos do Homem, decorre do princípio da "cláusula aberta" em matéria de direitos fundamentais (constante do artigo 16.º, n.º 1, CRP), o que não só não é contrariado, como é mesmo também reforçado pelo facto do n.º 2, do mesmo artigo 16.º CRP, estipular que a Declaração Universal dos Direitos do Homem fornece o critério material de interpretação de direitos fundamentais

tecção dos interesses morais e materiais ligados a qualquer produção científica, literária ou artística da sua autoria» (artigo 27.°, n.° 2, DUDH), assim como no Pacto Internacional Relativo aos Direitos Económicos, Sociais e Culturais, que consagra a «protecção dos interesses morais e materiais resultantes de toda a produção científica, literária ou artística» (artigo 15.°, b, PIRDESC). Assim, os "direitos fundamentais de autor" são recebidos na ordem jurídica portuguesa enquanto direitos fundamentais, pelo que, também por essa via, não restam quaisquer dúvidas quanto à respectiva natureza jurídico-subjectiva;

5) do direito de fruição do património cultural[150]. Trata-se de um direito fundamental, de natureza especial em relação ao direito de

---

consagrados na CRP (16.°, n.° 2). Pelo que a Declaração Universal dos Direitos do Homem tanto constitui fonte de direitos fundamentais não constantes do catálogo constitucional (16.°, n.° 1, CRP), como fornece também uma "chave-de-leitura" para a interpretação e integração de todos os direitos fundamentais pertencentes à constituição portuguesa (em sentido material e formal); 3) mas, mesmo admitindo sem conceder, que os "direitos de autor" declarados pela Declaração Universal dos Direitos do Homem não eram recebidos pela Constituição, então, ainda assim, seria forçoso reconhecer que a "recepção" de tais direitos, por intermédio do artigo 16.°, n.° 1, CRP, sempre decorreria da respectiva consagração numa fonte formal de Direito Internacional, como é o Pacto Internacional de Direitos Económicos Sociais e Culturais; 4) por último, continuando a admitir, sem conceder, os pressupostos da orientação de OLIVEIRA ASCENSÃO, de que os direitos de autor são uma mera garantia institucional ligada ao direito fundamental de propriedade, nem por isso eles deixariam de ser, na mesma, enquadráveis no âmbito dos direitos fundamentais e de estar submetidos ao regime jurídico dos direitos, liberdades e garantias (vide o artigo 17.° CRP). Pelo que as conclusões da posição doutrinária, em apreço, não parecem ser "constitucionalmente sustentáveis".

[150] No sentido da consagração constitucional de um direito fundamental no domínio do património cultural (ainda que de conteúdo aparentemente mais restrito), vide também JORGE MIRANDA, que sustenta a existência do «direito de acesso ao património cultural (v.g., visita de monumentos e museus, pesquisa de arquivos sem restrições ou condicionamentos desproporcionados)» Acrescentando, todavia, que «relacionado com este último direito [de acesso ao património cultural) acha-se o interesse difuso à salvaguarda e valorização [do património cultural], a que correspondem, por seu turno, os direitos de garantia do artigo 52.°, n.° 2, alínea a)» (JORGE MIRANDA, «Artigo 78.° (anotação)», in JORGE MIRANDA / RUI MEDEIROS, «Constituição P. A.», tomo I, cit., p. 746).

Ora, da minha perspectiva, os referidos direito subjectivo e interesse difuso constituem um só – e o mesmo – direito subjectivo (de conteúdo mais amplo) de fruição

fruição cultural, posto que incidente apenas sobre os bens do património cultural. Resultando a respectiva "autonomia" da conjugação das normas constitucionais que consagram – "ao lado" do "mais geral" direito de fruição cultural (artigos 73.°, n.° 1, 78.°, n.° 1 CRP) –, nomeadamente: o dever estadual de promoção e de salvaguarda do património cultural (art. 78.°, n.° 2, alínea c)[151] – o qual, na medida desse dever, confere aos indivíduos o correlativo direito subjectivo –; o dever fundamental a cargo dos cidadãos de preservação, defesa e valorização do património cultural (art. 78.°, n.° 1); o direito de acesso à justiça para defesa do património cultural (e isto, tanto nos casos em que esteja em causa "o direito de acção para defesa de interesses próprios" relativos ao património cultural, consagrado nos artigos 20.° e 268.°, n.° 4, CRP, como naqueles outros em que se trate antes do "direito de acção para a defesa da legalidade e do interesse público" no domínio do património cultural, como sucede no caso do direito de acção popular, consagrado no 52.°, n.° 3, alínea a, CRP)[152].

---

do património cultural. E isto, não só porque (como se verá melhor adiante) não julgo correcto distinguir entre direitos subjectivos e interesses difusos, enquanto posições jurídicas subjectivas diferenciadas, antes considero preferível adoptar uma noção ampla de direito subjectivo público; como sobretudo porque, neste caso, admitir a existência dessa dualidade de posições subjectivas me parece inadequado, já que o que está em causa é o mesmo dever jurídico da Administração, no interesse dos particulares, que dá origem a um único direito subjectivo. Pois, conforme escreve JORGE MIRANDA, «a contrapartida do direito e do interesse difuso é o dever de preservar, defender e valorizar o património cultural, com uma dupla vertente positiva e negativa», que o mesmo é dizer que ele corresponde ao direito subjectivo de fruição do património cultural que, «na vertente positiva, (…) incide mais directamente sobre quem tenha a propriedade ou a posse de certos bens, impondo-lhes ónus respeitantes à sua conservação ou restrições quanto à utilização e à alienação. Na vertente negativa, implica não deteriorar, não destruir, não perder, não alienar bens do património cultural» (JORGE MIRANDA, «Artigo 78.° (anotação)», in JORGE MIRANDA / RUI MEDEIROS, «Constituição P. A.», tomo I, cit., p. 746).

[151] Como refere de forma lapidar JORGE MIRANDA, «a par das obrigações a que ficam adstritos os particulares e instituições (como a Igreja Católica), incumbe ao Estado (em sentido lato, abrangendo regiões autónomas, autarquias locais, universidades públicas) uma actividade de salvaguarda dos bens do património cultural (n.° 2, alínea c), 1.ª parte)» (JORGE MIRANDA, «Artigo 78.° (anotação)», in JORGE MIRANDA / RUI MEDEIROS, «Constituição P. A.», tomo I, cit., pp. 746 e 747).

[152] Sobre a diferença entre acção para defesa de interesses próprios, acção pública e acção popular, vide VASCO PEREIRA DA SILVA, «O Contencioso A. no D. da P. – E. sobre as A. no N. P. A.», cit. pp. 33 e ss..

Para além da atribuição destes direitos subjectivos, a Constituição, no quadro dos direitos fundamentais em matéria de cultura, regula ainda, conjuntamente, posições jurídicas passivas, estabelecendo deveres, tanto a cargo dos particulares como da Administração Pública. Deveres estes, de alcance e de conteúdo muito diversificado, e que tanto podem ser de natureza objectiva como de natureza subjectiva (por estarem ou não estabelecidos no interesse de outros sujeitos), sendo certo que estes últimos são correlativos das posições jurídicas subjectivas da contraparte, correspondendo à atribuição de direitos subjectivos. Veja-se, entre outros, os seguintes casos:

1) do dever fundamental dos particulares de preservar, defender e valorizar o património cultural (art. 78.º, n.º 1, in fine). Trata-se, aqui, de um dever fundamental – e não de um direito – dos particulares, mas que, não obstante, se integra na "noção-quadro" de direitos fundamentais, pois estes, no seu todo, apresentam um conteúdo "complexo", comportando vertentes de natureza individualista (destinadas à protecção de um espaço próprio de autonomia dos sujeitos) com outras de natureza altruísta (visando, nomeadamente, a salvaguarda de bens colectivos ou públicos), assumindo, nessa medida, a natureza jurídica de "poderes-deveres" ou de "poderes funcionais".
Além de que esses deveres devem ser enquadrados no âmbito de, mais amplas, "relações jurídicas de direitos fundamentais", de que resultam múltiplas posições activas e passivas, segundo uma lógica de bilateralidade e, mesmo, de multilateralidade. Refira-se, a propósito, que o dever de defender, preservar e de valorizar o património cultural diz respeito a todos os cidadãos, mas apresenta um conteúdo mais forte relativamente aos titulares de (quaisquer) direitos reais sobre bens culturais. Daí que, em razão desses especiais deveres, assim como de outros limites e restrições legais, tais detentores de direitos reais (a título individual, ou colectivo, como é o caso, nomeadamente, da Igreja Católica – ou de outras confissões religiosas, quando for esse o caso –, no que respeita ao património cultural eclesiástico) devem gozar também, no quadro da relação jurídica fundamental de património cultural, de vantagens, benefícios e incentivos estaduais, de acordo com o princípio de cooperação, que deve

ser um princípio estruturante das políticas públicas de património cultural[153];
2) dos deveres, tarefas e princípios jurídicos de actuação dos poderes públicos no domínio da cultura. Trata-se, aqui, de posições jurídicas passivas muito diferenciadas para a realização dos direitos fundamentais, as quais implicam a intervenção dos poderes públicos, em termos que podem ser mais intensos, no caso dos deveres (que, por sua vez, conforme referido, podem ser de carácter objectivo ou subjectivo e, neste último caso, dar origem a direitos subjectivos na medida das vinculações constitucionais relativas à oportunidade e ao conteúdo das actuações dos poderes públicos), ou menos intensos, no caso das tarefas públicas. Da mesma maneira como podem tratar-se, antes, de princípios jurídicos de actuação, de natureza mais objectiva que subjectiva, mas sempre funcionalizados à realização dos direitos fundamentais. De referir, entre outros, os seguintes exemplos:

a) o dever de promover a democratização da cultura, mediante actuações destinadas a incentivar e garantir o acesso à fruição da cultura (art. 73.°, n.° 2, 78.°, n.° 2, alínea a, CRP). Pois, conforme escreve JORGE MIRANDA, a democratização da cultura «anda a par da própria ideia de democracia (artigos 2.° e 9.°, alínea c) e a participação democrática revela-se, em si

---

[153] Vide, a este propósito, o artigo 8.° ("Colaboração entre a Administração Pública e os particulares"), da Lei de Bases do Património Cultural (Lei n.° 107/2001, de 8 de Setembro), segundo o qual «as pessoas colectivas de direito público colaborarão com os detentores de bens culturais, por forma que estes possam conjugar os seus interesses e iniciativas com a actuação pública, à luz dos objectivos de protecção e valorização do património cultural, e beneficiem de contrapartidas de apoio técnico e financeiro e de incentivos fiscais».

Sobre a questão do património cultural eclesiástico, vide VASCO PEREIRA DA SILVA, «O Património Cultural da Igreja», in «Direito do Património Cultural», INA – Instituto Nacional de Administração, Lisboa, 1996, páginas 475 e seguintes; «O Património Cultural da Igreja», in «Concordata entre a Santa Sé e a República Portuguesa», Almedina, Coimbra, 2001, páginas 123 e seguintes; «O Património Cultural da Igreja», in «Concordata entre a Santa Sé e a República Portuguesa», Almedina, Coimbra, 2001, páginas 123 e seguintes; «O Património Cultural da Igreja na Concordata de 2004», in «Estudos sobre a Nova Concordata: Santa Sé – República Portuguesa, 18 de Maio de 2004», Universidade Católica Editora, Lisboa, 2006, páginas 193 e seguintes.

mesma, um importante instrumento educativo e cultural». Este dever encontra-se estabelecido no interesse dos particulares, já que «não se pretende a participação pela participação», mas como «expoente de realização da pessoa, de todas as pessoas». Assim, «a democratização da cultura implica, por seu turno, o acesso de todos os cidadãos à criação e à fruição cultural, de que cura depois o artigo 78.° E ao Estado é vedado prossegui-la sozinho, tem de o fazer em colaboração com as organizações da sociedade civil» (JORGE MIRANDA)[154];

b) os deveres de apoio e de fomento da criação cultural individual e colectiva (art. 78.°, n.° 2, alínea b, CRP), assim como da fruição cultural e das entidades que a promovam (art. 73.°, n.° 3, CRP), seja a título individual (v.g. artistas, "agentes culturais"), seja de forma organizada (v.g. "associações e fundações culturais", "órgãos de comunicação social", "colectividades", "organizações de moradores"). Estes deveres de apoio e de fomento da criação e da fruição culturais, sendo de carácter subjectivo (pois, são de considerar como estabelecidos no interesse dos particulares), não conferem, contudo, o direito a uma subvenção, ou a uma qualquer específica e determinada actuação, mesmo se obrigam a que sejam tomadas as medidas necessárias e adequadas para a realização dos objectivos em questão, que o mesmo é dizer, para a protecção dos direitos subjectivos dos particulares envolvidos. Assim, a situação hipotética – totalmente académica, como é bem de ver – de um qualquer órgão público que se recusasse, sem mais, a proceder a qualquer forma de apoio e fomento das actividades culturais (sendo titular das respectivas competências legais) seria, portanto, não só objectivamente inconstitucional como violadora dos direitos fundamentais dos particulares. Pois, ainda que não se possa considerar que, por exemplo, os criadores ou os agentes culturais possuam, em geral, nos termos das normas constitucionais em apreço, o direito a uma qualquer conduta certa e determinada, eles sempre gozam, contudo, do direito a que (pelo menos) exista uma (qualquer) actuação pública destinada ao apoio e fomento das actividades culturais;

---

[154] JORGE MIRANDA, «Artigo 73.° (anotação)», cit., in JORGE MIRANDA / RUI MEDEIROS, «Constituição P. A.», tomo I, cit., p. 731;

c) o dever de apoio à circulação de obras de arte de qualidade (art. 78.°, n.° 2, alínea b, CRP). Trata-se, também aqui, de um dever de carácter subjectivo, ainda que de conteúdo algo vago e indeterminado e conferindo uma "ampla margem de discricionaridade" aos poderes públicos, pelo que valem igualmente para este preceito constitucional, *mutatis mutandis*, as considerações acabadas de fazer (a propósito da alínea anterior);

d) as tarefas estaduais fundamentais no domínio da cultura, que vão desde a criação das "condições culturais" da "independência nacional" (art. 9.°, alínea a, CRP), à garantia dos direitos fundamentais em matéria de cultura (art. 9.°, alínea b, CRP), passando pela "efectivação dos direitos culturais" (art. 9.°, alínea d, CRP), a "protecção e valorização do património cultural do povo português" (art. 9.°, alínea e, CRP), a "defesa do uso" e a "promoção da difusão internacional da língua portuguesa" (art. 9.°, alínea f, CRP). Trata-se, neste caso, de tarefas fundamentais estaduais de natureza objectiva, ainda que muitas delas se refiram expressamente à dimensão subjectiva, ligando-se assim à realização dos direitos fundamentais de natureza cultural;

e) o "princípio da colaboração" do Estado com todos os agentes culturais, quer se trate de sujeitos individuais ou colectivos, públicos ou privados (art. 78.°, n.° 2, CRP). Tal como antes se referiu, estes princípios (como os demais que se seguem) possuem uma dimensão mais objectiva do que subjectiva, ainda que se encontrem funcionalizados ao serviço dos direitos fundamentais (integrando a respectiva vertente objectiva);

f) o princípio do "equilíbrio" na distribuição territorial das tarefas culturais e o dever de correcção das assimetrias regionais (art. 78.°, n.° 2, alínea a, CRP);

g) os princípios prioritários da política cultural externa, nomeadamente, da criação de um relacionamento especial com os países de língua oficial portuguesa, e da defesa e da promoção da cultura portuguesa no estrangeiro (art. 78.°, n.° 2, alínea d, CRP);

h) o princípio da articulação das políticas culturais com as demais políticas públicas (art. 78.°, n.° 2, alínea e, CRP)

Tudo visto, esta "radiografia" das normas de direitos fundamentais em matéria de cultura revelou que elas são tão numerosas como diversificadas (consistindo tanto em direitos subjectivos, como em deveres dos particulares, como ainda em deveres, tarefas e princípios objectivos de actuação dos poderes públicos), e correspondendo tanto a uma dimensão objectiva como subjectiva dos direitos fundamentais. Daí a necessidade de colocar a questão de saber se é, ou não, constitucionalmente adequado falar num direito fundamental à cultura e, em caso afirmativo, de saber como ele deve ser configurado.

Diga-se, em primeiro lugar, que o fenómeno da diversidade e da complexidade estrutural não é específico do tratamento da cultura em matéria de direitos fundamentais. Pois, independentemente das características e da especial configuração jurídica de cada qual, verifica-se um «carácter complexo e multifacetado da maior parte dos direitos subjectivos fundamentais», sendo «frequentemente múltiplas as faculdades incluídas num direito constitucionalmente consagrado, faculdades que têm objecto e conteúdo distintos, que são oponíveis a destinatários diferentes, determinam deveres de variado tipo e que podem ter até titulares diversos» (VIEIRA DE ANDRADE)[155].

Isto vale para o respectivo objecto ou conteúdo, pois, «num mesmo direito fundamental unitariamente designado podemos encontrar poderes de exigir um comportamento negativo dos poderes públicos, combinados com poderes de exigir ou de pretender prestações positivas, jurídicas ou materiais, ou com poderes de produzir efeitos jurídicos na esfera de outrem, poderes que têm muitas vezes recortes diferentes e aos quais correspondem, conforme os casos, deveres de abstenção ou de não intromissão, deveres de acção e de prestação, deveres de tolerar ou sujeições» (VIEIRA DE ANDRADE)[156]. Mas vale também para a determinação dos respectivos sujeitos (activos ou passivos), que não tem de ser uniforme, podendo mesmo verificar-se situações de «direitos com faculdades ou poderes que cabem a todos os indivíduos, a par de outros que pertencem apenas aos que fazem parte de grupos específicos ou são mesmo próprios de entidades colectivas ou comunidades» (VIEIRA DE ANDRADE)[157].

Assim, os direitos fundamentais devem ser caracterizados como noções jurídicas complexas e diversificadas, mas sem por isso perderem a

---

[155] VIEIRA DE ANDRADE, «Os Direitos Fundamentais na Constituição Portuguesa de 1976», 3.ª edição (reimpressão da edição de 2004), Almedina, Coimbra, 2006, página 172.
[156] VIEIRA DE ANDRADE, «Os Direitos F. na C. P. de 1976», cit., p. 172.
[157] VIEIRA DE ANDRADE, «Os Direitos F. na C. P. de 1976», cit., p. 173.

respectiva unidade e identidade, decorrentes da protecção constitucional de uma determinada vertente da dignidade da pessoa humana[158]. Eles configuram-se, portanto, como "conceitos-quadro" (BAUER)[159] ou como estatutos (*status*), os quais conjugam dimensões negativas e positivas, subjectivas e objectivas, sendo ainda susceptíveis de ser decompostos, nomeadamente, em outros direitos (ou "sub-direitos"), faculdades, poderes, deveres de entidades públicas ou a cargo de privados, tarefas públicas, princípios jurídicos de actuação...

Ora, no domínio da cultura, as normas de direitos fundamentais, apesar da sua diversidade e complexidade, não deixam de estar relacionadas entre si por uma "unidade de sentido", que resulta do facto de todas elas dizerem respeito à realização cultural de cada indivíduo na vida em sociedade, que é uma dimensão essencial da dignidade da pessoa humana. Mais ainda, se as normas de direitos fundamentais em matéria de cultura são susceptíveis de ser reconduzidas a uma noção dogmática unitária (malgrado a sua diversidade e complexidade, a qual, de resto, é também característica dos demais direitos assentes na constituição), não se vê quais poderiam ser as vantagens de optar, em vez disso, por uma qualquer lógica doutrinária de pulverização.

Na verdade, ter de considerar a existência de "muitos direitos", em vez de "um direito" fundamental à cultura de conteúdo amplo (ou de "amplo espectro", ou de "banda larga", para usar as "fórmulas" informáticas em voga) parece ser tão desnecessário como inadequado para a tutela dos bens jurídicos em causa. Já que a multiplicação desnecessária do direito à cultura conduziria à dispersão da protecção jurídica, com todos os riscos inerentes de "banalização" e consequente desvalorização, fazendo com que se perdesse (ou, pelo menos, se esbatesse) a ligação de cada um deles à realização da dignidade da pessoa humana. Ainda para mais, em universos como são os do direito e da cultura, em que a "qualidade" se

---

[158] Conforme escreve VIEIRA DE ANDRADE, a «complexidade é uma característica geral e típica das posições jurídicas fundamentais» (VIEIRA DE ANDRADE, «Os Direitos F. na C. P. de 1976», cit., p. 173), a qual, contudo, nem por isso deixa de encontrar «a sua referência unitária numa posição jurídica primordial do indivíduo, que constitui igualmente o núcleo caracterizador do preceito constitucional respectivo» (VIEIRA DE ANDRADE, «Os Direitos F. na C. P. de 1976», cit., p. 175).

[159] Tal como é proposto por HARTMUT BAUER, «Geschichtliche Grundlage der Lehre vom subjektiven öffentlichen Rechte», Duncker & Humblot, Berlin, 1986.

deve sobrepor à "quantidade", não fazendo por isso sentido a adopção de concepções "produtivistas" de direitos fundamentais, nem valendo argumentos como o de que "à dúzia é mais barato".

Assim, a meu ver, justifica-se plenamente a opção dogmática de, partindo das diferentes normas constitucionais de direitos de natureza cultural, conjugar aquelas que estabelecem uma protecção jurídica subjectiva com aqueloutras que instituem uma tutela jurídica objectiva, mas se encontram funcionalizadas às primeiras, de modo a construir uma noção ampla de direito fundamental à cultura. Trata-se aqui de um procedimento dogmático de recomposição, feito a partir da diversidade e complexidade de normas relativas à cultura em matéria de direitos fundamentais (nomeadamente, dos artigos 42.°, 73.° e 78.° CRP), que é simétrico do habitualmente seguido noutros países europeus (vide supra, os casos de Alemanha, França, Itália, Espanha), em que a lógica seguida é antes a da decomposição. Pois, aí, a doutrina, em face da "contenção" do legislador constituinte (que contrasta com a "prolixidade" do nosso) em matéria de direito à cultura, parte de uma (ou de um número muito reduzido) de norma(s), para proceder à sua decomposição em distintas realidades jurídicas (v.g. sub-direitos, faculdades, poderes, deveres, tarefas), reconstruindo assim as respectivas dimensões subjectiva e objectiva. Mas, num caso como no outro, do que se trata é ainda e sempre da mesma tentativa doutrinária de encontrar uma noção de direito fundamental à cultura, que seja constitucionalmente adequada, mas seja também capaz de dar resposta aos problemas culturais dos modernos Estados de Direito democráticos.

Nestes termos, o direito fundamental à cultura, enquanto «direito subjectivo só pode ser um "conceito-quadro" aberto, necessitado de preenchimento em concreto e susceptível de diferentes variações de conteúdos» (BAUER)[160]. Noção esta que, hoje em dia, corresponde ao modo adequado de caracterização dos direitos subjectivos públicos, os quais (à semelhança dos privados, de resto[161]) são de entender como «"qualquer

---

[160] HARTMUT BAUER, «Geschichtliche G. der L. vom s. ö. R.», cit., p.174.

[161] A noção de direito subjectivo público de HARTMUT BAUER, que tenho vindo a apresentar como paradigmática, aliás, inspira-se confessadamente nas concepções de LARENZ, nomeadamente nas respectivas ideias-chave de direito subjectivo, de sistema ("externo" e "interno") e da metodologia própria das ciências do direito – Vide KARL LARENZ, «Metodologia da Ciência do Direito» (tradução), 4.ª edição, Fundação Calouste Gulbenkian, Lisboa, 2005.

coisa" – desde que seja qualquer coisa determinada – [que] é juridicamente atribuída ou devida, podendo caber no conceito de "qualquer coisa" realidades tão variadas como o "dever de cuidado" ou de "ausência de lesão" da própria pessoa ("Achtung oder nichtverletzung der eigenen Person"), a disposição de bens de personalidade, a discricionaridade de actuação, a prestação, um determinado comportamento, o poder de constituição unilateral de uma ligação jurídica, ou a participação na formação da vontade de uma corporação ou de uma pessoa colectiva» (BAUER)[162].

Mais. A noção de direito fundamental à cultura, como se viu, não apenas é diversificada e complexa do ponto de vista do conteúdo, mas também dos sujeitos. Daí que o entendimento constitucional da cultura como "direito subjectivo quadro" necessite ainda de ser completado com outra figura, que é a da relação jurídica (multilateral), de modo a permitir compreender a diversidade de vínculos jurídicos que ligam diferentes partes, do lado público e privado[163]. Uma vez que os direitos fundamentais constituem o fundamento para o surgimento de relações jurídicas públicas, entre particulares e entidades públicas, e que aquelas podem ter por conteúdo direitos subjectivos fundados na Constituição ou na lei, há que considerar de forma global o feixe de vínculos jurídicos que ligam uma multiplicidade de sujeitos do lado activo e do lado passivo. Daí que – também quando se trata de direitos fundamentais – «na indagação dos direitos subjectivos públicos, não se vá à procura – como até aqui – de uma pretensão isolada do cidadão, ou de um fim de protecção determinado, mas antes das ligações recíprocas que existem entre os participantes na relação jurídica» (BAUER)[164].

No que respeita ao direito fundamental à cultura, esta necessidade de integração das posições jurídicas subjectivas fundamentais no âmbito de uma relação jurídica multilateral, de natureza constitucional, é particularmente evidente. Veja-se o já referido caso do direito à fruição do património cultural – que é uma das manifestações do mais amplo direito à cultura no nosso quadro constitucional –, que é da titularidade de todos os cidadãos, mas do qual resultam feixes de direitos e deveres, imbricados uns

---

[162] HARTMUT BAUER, «Geschichtliche G. der L. vom s. ö. R.», cit., p. 174.

[163] Acerca das noções de direito subjectivo e de relação jurídica multilateral pública, vide VASCO PEREIRA DA SILVA, «Em Busca do A. A. P.», cit. (mx., o capítulo II, intitulado «A Relação Jurídica como Novo Conceito Central do Direito Administrativo»), pp. 179 e ss.

[164] HARTMUT BAUER, «Geschichtliche G. der L. vom s. ö. R.», cit., p. 174.

nos outros, de uma multiplicidade de sujeitos distintos, dando origem a uma complexa relação jurídica multilateral. Pois, resultam do direito e integram também a relação jurídica de direito fundamental à cultura, nomeadamente, os deveres das entidades públicas de promoção e de salvaguarda do património cultural (art. 78.º, n.º 2, alínea c, CRP), dos quais decorrem também (na medida dos deveres) os correspectivos direitos dos utentes, assim como dos titulares de direitos reais sobre bens do património cultural, a título individual ou colectivo (v.g. da Igreja Católica, ou de outras confissões religiosas, relativamente ao património cultural religioso); os deveres fundamentais de todos os cidadãos relativos à preservação, defesa e valorização do património cultural (art. 78.º, n.º 1, CRP), que também possuem conteúdos e incidências diferentes consoante se trate de um qualquer cidadão (dever de respeito ou de cuidado) ou de um titular de direitos reais sobre bens do património cultural, a título individual ou colectivo (v.g. deveres de conservação, de reparação, de restauro); ou mesmo o direito de acesso à justiça para defesa do património cultural, que tanto pode corresponder ao "direito de acção para defesa de interesses próprios" relativos ao património cultural (artigos 20.º ou 268.º, n.º 4, CRP) como ao direito de "acção popular", para a defesa da legalidade e do interesse público (artigo 52.º, n.º 3, alínea a, CRP).

Uma tal relação jurídica multilateral, assente no direito fundamental à cultura e criadora de vínculos jurídicos entre distintos sujeitos (dado que, alguns deles, referem-se a todos, outros são relativos a certas categoria de pessoas), corresponde ao universo fáctico ou sociológico, não sendo uma mera "realidade virtual", inventada pelos juristas, como sustenta a concepção da "relação jurídica geral". Conforme escrevi noutra altura, existem «duas perspectivas actuais» quanto ao modo de conceber a relação jurídica no Direito Constitucional (e, em geral, no Direito Público): «um entendimento restrito, como um instituto previsto pelas normas jurídicas, mas cuja concretização depende de um facto jurídico que lhe dá origem, o qual pode apresentar uma natureza muito diversa», podendo ir de uma qualquer actuação jurídica a um simples acontecimento fáctico, que coloca o sujeito no âmbito de aplicação da norma constitucional (posição que «é defendida por autores como BACHOF, ERICHSEN, BATTIS, MAURER»); «ou segundo um entendimento amplo, como um instituto cuja criação é directamente realizada pela ordem jurídica. Desta forma, a relação jurídica é considerada como um instituto omni-compreensivo (...) de toda a ordem jurídica, entendendo-se que entre o cidadão e o Estado existe, desde logo, uma relação jurídica geral, ao lado de outras relações jurídicas especiais, que podem nascer de um qualquer facto juridicamente relevante» (posição «que é sustentada por autores como HENKE, BAUER, ACHTERBERG»)[165].

Ora, da minha perspectiva, por um lado, os direitos fundamentais são verdadeiros direitos subjectivos, imediatamente resultantes da Constituição, que integram o conteúdo das concretas relações jurídicas públicas (mas também privadas) em que se envolvam ou participem os respectivos titulares. Por outro lado, a consagração de direitos fundamentais significa também (em termos objectivos, ou como princípio jurídico fundamental) o reconhecimento constitucional de que todos os cidadãos gozam da qualidade de sujeitos de direito (não podendo ser mais considerados "súbditos", "objectos do poder" ou "administrados") nas relações jurídicas públicas, como nas privadas, sem que seja necessário recorrer, para tanto, a uma qualquer relação "geral e abstracta" pré-existente. Pelo que, «em minha opinião, não só não faz qualquer sentido recorrer à ideia de uma relação jurídica geral, meramente abstracta ou latente (que, a ser admitida, seria sempre mais uma construção teorética do que uma realidade tangível), quando estão em causa os direitos fundamentais, pois, uma coisa é a previsão constitucional de direitos, outra a sua integração numa concreta relação jurídica, como creio também que a forma mais correcta de explicar o papel desses direitos nas relações administrativas é a de recorrer à "teoria do estatuto", tal como tem vindo, actualmente, a ser (re)proposto pela moderna doutrina constitucionalista»[166].

Na verdade, a "teoria do estatuto" ("Statuslehre"), criada por GEORG JELLINEK, introduziu a «distinção entre "estatuto jurídico" e "relação jurídica", entre a possibilidade de actuar como sujeito de relações jurídicas e a concretização dessas mesmas relações»[167]. Distinção que é reafirmada por WALTER JELLINEK, ao considerar que o «estatuto é a possibilidade que um sujeito de direito tem de se ligar através de relações jurídicas no futuro, é, portanto, uma característica do sujeito de direito, ou um seu *status*, para usar uma expressão do direito clássico»[168]. Ora, esta ideia de que os direi-

---

[165] VASCO PEREIRA DA SILVA, «Em Busca do A. A. P.», cit., p. 163.
[166] VASCO PEREIRA DA SILVA, «Em Busca do A. A. P.», cit., p. 182.
[167] GEORG JELLINEK, «System der subjektiven öffentlichen Rechte», 2.ª edição, reimpressão, J. B. C. Mohr (Paul Siebeck), Tuebingen, 1919, páginas 81 e seguintes.
[168] WALTER JELLINEK, «Verwaltungsrecht», 3.ª edição (reimpressão), Verlag Dr. Max Gehlen, Bad Homburg v. d. H. / Berlin / Zurich, 1966, página 192.

tos fundamentais, para além de direitos subjectivos, são também atributivos de um estatuto dos cidadãos nas relações jurídicas públicas – libertada, agora, dos pressupostos positivistas e estatizantes originários[169], assim como ampliada às novas categorias de direitos resultantes da "evolução geracional" – tem vindo a ser retomada pela dogmática constitucional[170]. Pois, ela permite explicar a relevância dos direitos fundamentais como fundamento das «relações jurídicas administrativas [e, em geral, públicas], distinguindo, ao mesmo tempo, o momento da previsão constitucional do momento da criação dessas relações»[171].

O direito fundamental à cultura deve, portanto, ser considerado, simultaneamente, como direito subjectivo integrante de relações jurídicas multilaterais de cultura e como princípio atributivo de um estatuto jurídico de cidadania cultural (*status culturalis*). Sendo ainda possível desdobrar este *status culturalis*, de acordo com o ensinamento de PETER HÄBERLE, em novas e distintas dimensões, nomeadamente de:

– *status negativus culturalis* (o qual deve ser igualmente entendido como *status mundialis hominis*). Tal dimensão resulta da «íntima vinculação forçosamente existente entre cultura e liberdade», que faz com que «a garantia de liberdade para todos, ou seja, o próprio conceito de liberdade, enquanto tal, implique "liberdade cultural"» (HÄBERLE)[172] Trata-se de «uma liberdade que tem lite-

---

[169] Conforme antes se escrevia, «aderir a uma "moderna teoria do estatuto" não significa, no entanto, comungar da «visão positivista e estatista» de GEORG JELLINEK, considerando que «só o Estado tem vontade soberana e [que] todos os direitos subjectivos públicos [se] fundamentam (...) na organização estadual (...) (JORGE MIRANDA, «Manual de D.C.», cit., tomo IV (D. F.), pp. 53 e 54. Vide GEORG JELLINEK, «System der s. ö. R.», cit., pp. 51 e ss.). Tal como não significa aceitar a ideia do Estado como «sujeito de vontade todo-poderoso», que dá origem a um *status subjectionis* (HESSE), ou sequer a concepção do «*status negativus*, de G. JELLINEK, [que] reconduzia (...) os direitos fundamentais a algo de puramente formal, secundário, perante a forma principal do *status subjectionis*», no qual «a liberdade que o *status negativus* garante não se refere a relações da vida concretamente determinadas, mas a uma liberdade geral e abstracta contra agressões infra-legais (K. HESSE, «Grundzüge des V. der B. D.», cit., p. 128)» (VASCO PEREIRA DA SILVA, «Em Busca do A. A. P.», cit., p. 183).

[170] Vide K. HESSE, «Grundzüge des V. der B. D.», cit., pp. 120 e 127 e ss; BODO PIEROTH / BERNHARD SCHLINK, «Grundrechte – Staatsrecht II», 21.ª edição, Müller, Heidelberg, 2005, páginas 16 e seguintes.

[171] VASCO PEREIRA DA SILVA, «Em Busca do A. A. P.», cit., p. 183.

[172] PETER HÄBERLE, «Teoria de la C. como C. de la C.», cit., p. 80.

ralmente como "objecto e tarefa" a cultura. Vista assim, a cultura é, por sua vez, objecto da liberdade em dois planos distintos, tanto do indivíduo, considerado a título individual, como do povo, considerado de forma colectiva». Isto, porque «a liberdade "coagula" ou "cristaliza" – se me é permitida a metáfora – em forma de elementos ou amálgamas culturais, sobre os quais, mais tarde, se poderá estabelecer o exercício de liberdades individuais e colectivas» (HÄBERLE)[173].

Uma tal dimensão cultural da liberdade está em permanente transformação e deve ser compreendida em termos de "abertura" no tempo e no espaço. Pois, por um lado, o *status* de liberdade, globalmente determinado, de modo algum fica estabelecido de uma vez para sempre», encontrando-se antes em permanente evolução (HÄBERLE)[174]. Por outro lado, «a liberdade artística contribui para configurar o *status civilis* como *status culturalis* e este, por sua vez, como *staus mundialis*», protegido tanto por fontes constitucionais como internacionais. Até porque «a liberdade artística é um direito humano dos mais primordiais, daí que qualquer cultura "exclusivamente nacional" – ou melhor nacionalista – limitada à liberdade individual transfronteiriça seja uma contradição nos termos» (HÄBERLE)[175]. O cosmopolitismo dos fenómenos culturais, conjugado com a necessidade de garantia da liberdade cultural para além das fronteiras estaduais, implica portanto a confluência do Direito Constitucional com o Direito Internacional, na garantia de um *status mundialis hominis*;

– *status activus culturalis*. O estatuto constitucional dos indivíduos no domínio da cultura não é mais meramente negativo, antes implica também a necessidade de intervenção dos poderes públicos para a sua realização. Tal resulta, como já se fez referência, da transformação estrutural trazida pela "segunda geração de direitos", que não apenas obriga a considerar novos direitos a prestações, como introduz também essa dimensão prestadora no conteúdo de todos os direitos fundamentais (sejam eles originários da "primeira", da "segunda" ou da "terceira geração"). Daí

---

[173] PETER HÄBERLE, «Teoria de la C. como C. de la C.», cit., p. 180.
[174] PETER HÄBERLE, «Teoria de la C. como C. de la C.», cit., p. 82.
[175] PETER HÄBERLE, «Teoria de la C. como C. de la C.», cit., p. 83.

a dimensão positiva da cidadania cultural, enquanto *status activus culturalis*.
- *status activus processualis culturalis*. Dimensão positiva da cidadania cultural é igualmente o reconhecimento da participação dos indivíduos nas políticas públicas de cultura, assim como na própria actividade cultural, que foi trazida pela "terceira geração dos direitos fundamentais". Esta dimensão de *status activus processualis*[176], como já se fez referência, deve-se considerar que integra hoje o conteúdo essencial de qualquer direito fundamental, para além de ter dado origem ao reconhecimento de autónomos direitos de natureza procedimental e processual.

Tudo visto, o direito à cultura na Constituição portuguesa apresenta-se sob múltiplas "faces", havendo necessidade de o reconstruir através de um procedimento de "recomposição dogmática" de previsões constitucionais várias (nomeadamente, dos artigos 42.°, 73.° e 78.° CRP). O direito à cultura assume assim a natureza de um "conceito-quadro", que compreende os (sub)direitos fundamentais de criação cultural, de fruição cultural, de participação cultural, de autor e de fruição do património cultural, assim como o dever fundamental dos particulares de defesa e valorização do património cultural, para além de numerosos deveres, tarefas, e princípios jurídicos de actuação a cargo dos poderes públicos. Este seu carácter complexo e diversificado, susceptível de ser decomposto em distintas posições jurídicas de vantagem ou de desvantagem, de natureza positiva ou negativa, manifesta-se tanto na sua consideração como direito subjectivo como na sua vertente estatutária ou de cidadania cultural (o *status culturalis*, que se pode ainda desdobrar em *status negativus culturalis*, *status activus culturalis*, e *status activus processualis culturalis*).

---

[176] Vide Peter Häberle, «Verfassungsprinzipien "im" Verwaltungsverfahrengesetz in Schmitt Gläser, «Verwaltungsverfahren – Festschrift für 50. Jährigen Bestehen der Richard Boorberg Verlag», 1ª edição, Boorberg, Stuttgart/ München/ Hannover, 1977, página 81.

3.2.2 – *Configuração jurídica do direito fundamental à cultura: sujeitos, conteúdo, limites e restrições, relações com outros direitos fundamentais*

É tempo agora de analisar a configuração jurídica do direito fundamental à cultura, procedendo à sua sistematização de acordo com as seguintes perspectivas:

1 – Sujeitos;
2 – Âmbito de aplicação e conteúdo;
3 – Limites e restrições;
4 – Relações com outros direitos fundamentais[177].

O direito fundamental à cultura e as relações jurídicas multilaterais dele decorrentes envolvem uma grande variedade e diversidade de sujeitos jurídicos, tanto indivíduos (ou grupos de indivíduos) como pessoas colectivas, tanto privados como públicos, tanto activos como passivos, tanto titulares de direitos como obrigados a deveres ou tarefas. Este carácter complexo do direito à cultura (não só do ponto de vista do respectivo objecto ou conteúdo, mas também) da perspectiva dos sujeitos obriga ainda a considerar a questão dos destinatários da norma, distinguindo consoante se trata do direito subjectivo, globalmente considerado, ou de cada um dos respectivos (sub)direitos, faculdades, deveres, tarefas, ou princípios jurídicos de actuação.

Do ponto de vista dos respectivos titulares, o direito fundamental à cultura apresenta-se como um "direito de todos", como é típico, de resto, de um Estado de Direito e de uma democracia. Mas esta universalidade dos sujeitos já não se verifica, necessariamente, se considerarmos cada uma das componentes do direito fundamental à cultura, pois aí, tanto podemos encontrar ainda direitos ou faculdades da titularidade de todos (v.g. direito de fruição cultural, ou de fruição do património cultural), como direitos relativos a certas categorias de pessoas, delimitadas embora em termos amplos e "abertos" (v.g. o direito de criação cultural ou os direitos de autor).

---

[177] Adopta-se aqui uma sistematização da configuração jurídica do direito fundamental à cultura próxima da de JÖRN IPSEN, «Staatsrecht II – G.», cit., pp. 142 e ss...

Veja-se a comparação entre o direito à fruição cultural e o direito à criação cultural. Enquanto que titulares do direito de fruição cultural são "todas as pessoas", já no que respeita à criação cultural, sujeitos de direito são apenas os "criadores" ("artistas", "intelectuais"). Mesmo se é verdade que todos os cidadãos gozam (objectivamente) da qualidade que lhes permite vir (eventualmente) a gozar da protecção da criação cultural (*status culturalis*), nem todos são efectivamente titulares desse direito subjectivo, que tem como pressuposto a realização de uma obra artística ou cultural. Isto porque, conforme antes se explicou, uma coisa é o estatuto de cidadania cultural, outra o direito subjectivo de criação – que, por sua vez, é parte integrante do objecto de uma relação jurídica de cultura –, o qual está dependente de um facto jurídico, que é a realização de uma "obra de arte" ou de "cultura".

Dir-se-ia, ironizando, que enquanto o direito de fruição cultural é "democrático", já o direito de criação cultural seria "aristocrático". Pois, se todos gozam da qualidade de poder vir a ser criadores, assim como também a todos devem ser proporcionadas condições (nomeadamente, em termos de educação e de igualdade de oportunidades) para o desenvolvimento das aptidões culturais, contudo, nem todos podem ser pintores, escultores, escritores, cineastas, actores, compositores, músicos[178]...

A cultura, de resto, implica a capacidade de distinguir, de hierarquizar, de fazer juízos de valor (absolutos e relativos) tanto entre realidades idênticas como díspares: uma "cançoneta pimba" não é a mesma coisa do que um solo de trompete de MILES DAVIS, uma cantata de BACH ou uma ópera de WAGNER (e mesmo estas três últimas, sendo "cultura" em sentido estrito, podem ser valoradas de forma muito distinta, de acordo com critérios de natureza cultural, por diferentes ouvintes, de "similares graus de cultura"). Daí que, por maiores que possam ser as razões individuais "de queixa" contra as "injustiças da vida" (como exclamava, a torto e a direito, um conhecido personagem de cinema de animação), ser capaz de trautear umas melodias no banho não faz de alguém um PLACIDO DOMINGO ou um ROLANDO VILLAZÓN, nem ter jeito para fazer uns rabiscos num papel torna qualquer um em PICASSO, nem mesmo saber escrevinhar uns sentimentos líricos (dantes, num "diário", fechado a "sete chaves", agora num "blog"

---

[178] Conforme escrevem BODO PIEROTH / BERNHARD SCHLINK, a propósito do direito (liberdade) de criação cultural na Lei Fundamental alemã, «qualquer indivíduo não deve ser considerado como artista» (PIEROTH / SCHLINK, «Grundrechte – S II», cit., p. 155).

ou num "site", acessível a todos pela "internet") transforma seja quem for num FERNANDO PESSOA. Daí que – independentemente da impossibilidade cultural, assim como da "proibição" dirigida ao poder de definição do que deve ou não ser cultura, os quais obrigam à adopção de critérios compreensivos e "abertos" de delimitação do âmbito de aplicação das normas constitucionais culturais –, o direito fundamental à cultura não é um "direito de todos"[179] (a não ser em "potência", enquanto estatuto jurídico), antes apresenta como sujeitos (activos) os "criadores culturais" (pois, são eles que imediatamente caem sob o âmbito de aplicação e de protecção da norma).

Nestes termos, «titular da liberdade de criação artística é, em primeiro lugar, o artista, ou seja, o criador da obra» (IPSEN). Mas, porque a criação cultural (por mais "íntimo", privado – ou mesmo secreto – que seja o processo criativo) se destina a ser dada a conhecer – além de possuir também dimensão económica (podendo destinar-se ao "mercado da cultura") –, o âmbito de protecção subjectiva deve ainda ser alargado a todos aqueles que mediam entre a criação e o trazer a público da obra intelectual (muitas vezes, substituindo-se aos artistas no processo da sua "publicitação", divulgação ou mesmo comercialização), nomeadamente, editores, galeristas, curadores, produtores, agentes artísticos, mecenas. Pelo que se deve considerar que «titulares do direito de criação artística são [também] (...) os mediadores do artista ("Mittler der Kunst"), cuja actividade é condição de realização da obra de arte, em especial para que esta encontre o seu público» (IPSEN)[180].

Trata-se, portanto, de um alargamento da «protecção da liberdade artística, para além dos artistas, a todos aqueles que desempenhem uma função de "imprescindível mediação cultural" ("unentbehrliche Mittlerfunktion") entre o artista e o público» (PIEROTH / SCHLINK)[181], considerando que também eles podem ser sujeitos activos do direito fundamental de criação cultural. Protecção esta de direito fundamental alargada aos mediadores, que diz respeito tanto a particulares como a pessoas colectivas, «sempre que contribuam para o surgimento de obras artísticas»

---

[179] Conforme escreve IPSEN, o direito de criação artística não pode ser considerado, do ponto de vista dos sujeitos titulares, como um «direito de todos» ("Jedermann-Recht") (JÖRN IPSEN «Staatsrecht II – G.», cit., p. 144).
[180] JÖRN IPSEN, «Staatsrecht II – G.», cit., p. 143.
[181] BODO PIEROTH / BERNHARD SCHLINK, «Grundrechte – S. II», cit., p. 155.

(IPSEN)[182], mas já não abrange «o puro consumo cultural [, que] não se encontra protegido pela liberdade de criação» (PIEROTH / SCHLINK)[183].

Resulta já das considerações feitas, que o problema da determinação dos sujeitos não é inteiramente separável da questão da delimitação do âmbito do direito à cultura, na sua modalidade de liberdade de criação cultural. Uma vez que se torna necessário proceder à conciliação dogmática de duas realidades jurídicas que, aparentemente, apontam em sentidos diferentes: por um lado, a impossibilidade cultural e a proibição jurídica de definição e de programação da cultura, por outro lado, a protecção constitucional relativa aos "criadores" e à "criação" (e, nos termos referidos, também aos "mediadores culturais"), e não a todas as pessoas. O que obriga a encontrar uma noção ampla e aberta de "arte" e de "artista", ou de "criação" e de "criador", mas sem que isso signifique, sem mais, a protecção jurídica subjectiva de "todos".

Confrontada com este dilema, a jurisprudência[184] e doutrina[185] alemãs adoptaram um critério de solução que passa por valorizar menos

---

[182] JÖRN IPSEN, «Staatsrecht II – G.», cit., p. 143.

[183] BODO PIEROTH / BERNHARD SCHLINK, «Grundrechte – S. II», cit., p. 155.

[184] No início, a jurisprudência constitucional alemã ainda tentou encontrar uma noção material de arte ou de cultura, mesmo que de natureza "aberta". Veja-se, neste sentido, nomeadamente, o Acórdão Mephisto (vide infra), em que se estabelecia que «o essencial da actividade artística é a criação livre, na qual as impressões, experiências, vivências do artista são trazidas à exposição directa pelo *medium* de uma certa linguagem das formas. Toda a actividade artística é um entrelaçamento de processos conscientes e inconscientes que não podem ser dissolvidos racionalmente. Na criação artística actuam conjuntamente intuição, fantasia e compreensão da arte; não é primariamente comunicação, mas expressão, a expressão mais directa da personalidade individual do artista» (in JÜRGEN SCHWABE / LEONARDO MARTINS (coorden.), «Cinquenta Anos de Jurisprudência do Tribunal Constitucional Federal Alemão», Konrad Adenauer Stiftung E. V., Uruguay, 2005, páginas 497 e 498).

Todavia, «nos tempos mais recentes, a jurisprudência acentua a "impossibilidade de definir arte de forma genérica"» (BODO PIEROTH / BERNHARD SCHLINK, «Grundrechte – S. II», cit., p. 154), considerando caber no âmbito de aplicação do direito de criação cultural tudo o que possua "aparência de arte" ou de "cultura", em resultado da substituição da doutrina do "Werkbereich" pela do "Wirkbereich" (vide infra).

[185] Também do ponto de vista doutrinário, «os esforços (...) da doutrina para encontrar uma definição genérica válida de arte foram, até agora, infrutíferos. Daí, ser cada vez mais dominante o entendimento de que uma tal definição não é de todo possível» (BODO PIEROTH / BERNHARD SCHLINK, «Grundrechte – S. II», cit., p. 154).

Em sentido algo diferente, veja-se, no entanto, IPSEN, que «fala em exigência de definição ("Definitionsgebot") a cargo dos órgãos aplicadores do direito» (JÖRN IPSEN,

a "obra" ou a "criação" e mais a "eficácia" ou o "âmbito de aplicação" (conhecida pela fórmula da passagem do "Werkbereich" para o "Wirkbereich"[186]), deste modo procurando determinar o "sentido da protecção jurídica", de acordo com os cânones da "teoria da norma de protecção" ("Schutznormtheorie"). Segundo este critério, que considero adequado, titular do direito de criação cultural não é qualquer um, mas apenas aquele (ou aqueles) que caiam sob o âmbito de aplicação da norma constitucional, em virtude da realização de "algo" susceptível de ser considerado como "criação cultural".

Autonomizando, agora, o tratamento da questão do âmbito de aplicação do direito fundamental à cultura, há que retomar as considerações iniciais feitas acerca da Cultura do Direito e do Direito da Cultura, relembrando a tese segundo a qual a definição de cultura é impossível – da perspectiva do "ser" – e ilegítima – da perspectiva do "dever-ser". Ora, como não cabe ao direito decidir quem é e quem não é artista, nem aquilo que é e aquilo que não é cultura[187], basta que exista uma "aparência de obra de arte" – determinada através de índices objectivos como, nomeadamente, o

---

«Staatsrecht II – G.», cit., p. 144), embora afaste a ideia de que possam existir «donos da definição» ("Definitionsherren") ou uma qualquer titularidade de um «poder de definição» (JÖRN IPSEN, «Staatsrecht II – G.», cit., p. 143). Ou EPPING, que considera que «da perspectiva da necessária abertura do conceito de arte é praticamente impossível encontrar uma definição geral de arte válida para as novas formas artísticas. De um ponto de vista jurídico, pelo contrário, não se pode prescindir de uma noção jurídica. De outra maneira não se poderia determinar o âmbito de aplicação do art. 5, n.º 1 GG» (EPPING, «Grundrechte», cit., pp. 96 e 97). Mas, em ambos os casos, para além das divergências de formulação, o que está em causa parece ser mais a delimitação do âmbito de aplicação das normas de direito fundamental à cultura, em termos amplos e "abertos", do que a definição de "arte" ou "cultura", para além de haver consenso quanto à ideia de que o direito não deve "tomar partido" em conflitos de ordem cultural.

[186] Conforme escreve EPPING, «enquanto o domínio da obra ("Werkbereich") designa a própria actividade artística, ou seja, o processo de criação artística, cabem no âmbito de protecção [da arte] ("Wirkbereich") todas as actuações que sejam apresentadas em público como obras de arte» (EPPING, «Grundrechte», cit., p. 98). Pelo que a passagem do "Werkbereich" para "Wirkbereich" implica que «a liberdade artística se torna assim numa ampla liberdade de comportamentos artísticos ("umfassenden Künstlerischen Betätigungsfreiheit")» (EPPING, «Grundrechte», cit., p. 98)

[187] Neste sentido, o direito fundamental à cultura deve ser entendido «como proibição de definição ("als Definitionsverbot"), que impede o Estado de impor como certas, verdadeiras e boas as suas concepções sobre a arte» (PIEROTH / SCHLINK, «Grundrechte – S. III.», p. 154 e 155).

da intenção do autor, o do reconhecimento por terceiros (outros "artistas", críticos, curadores), o da forma de criação ou de manifestação, mas tudo isto independentemente de juízos de valor do intérprete ou do aplicador – para se cair no âmbito de aplicação da norma e, como tal, gozar do direito fundamental de criação cultural. Daqui resultando que, independentemente dos gostos, opiniões e juízos de valor dos juristas, e por mais controversa que seja uma realidade com aparência de cultura (como pode ser o caso, nomeadamente, dos "happenings", das instalações visuais, sonoras, ou mesmo olfactivas, da "video art"), esta deve ser compreendida e protegida através do direito fundamental de criação cultural.

  Estas considerações relativas ao âmbito de aplicação são válidas não apenas para o direito de criação cultural, mas para o direito fundamental à cultura no seu conjunto. A cultura, conforme se tem vindo a explicar, é uma realidade viva e em permanente transformação, dizendo respeito simultaneamente ao passado, ao presente e ao futuro das sociedades humanas, pelo que é inerente a este "processo contínuo" de criação intelectual que se verifique uma situação permanente de conflito e de diálogo entre "velho" e "novo", entre "cultura" e "contra-cultura", entre tradição, modernidade e vanguarda... A título de ilustração pictórica do que se acaba de dizer, refira-se o exemplo emblemático da exposição (no século XIX, em Paris) de «La Société Anonyme des Artistes, Peintres, Sculpteurs et Graveurs» – organizada em assumida ruptura com o "Salon"[188] anual,

---

[188] Ao longo de «todo o século XIX, o Salon representou a arte em França, tornando-se um acontecimento anual a partir de 1831. Os artistas encaravam esta exposição como a grande oportunidade de ganharem fama, na esperança de serem reconhecidos pela crítica e pelo numerosíssimo público que enchia as salas considerando-o um evento social imperdível. (...) O mais discutido dos salões foi o de 1863. Neste ano o júri considerou inaceitáveis cerca de quatro mil obras, suscitando duras polémicas e protestos por parte dos excluídos. Por este motivo, Napoleão III permitiu a criação de um "Salon" para as obras não aceites, o "Salon des Refusés"» (GIULIA MARRUCCHI / RICCARDO BELCARI, «A Grande História da Arte – Impressionismo», volume XIII, tradução, Mediasat Portugal e Público, Lisboa, 2006). Vide também VÁRIOS, «Musée d' Orsay: Chefs d' Oeuvre Impressionistes et Post-impressionistes», Éditions de la Réunion des Musées Nationaux et Thames and Hudson, Paris / London, 1984 ; MICHEL LACLOTTE / GENEVIÈVE LACAMBRE / ANNE DISTEL / C. FRÈCHES-THORY, «La Peinture à Orsay», Éditions Scala e Réunion des Musées Nationausx», Paris, 1986; SANDRO SPROCATTI (coorden.), «Guia de História de Arte», tradução, Presença, Lisboa, 1994, páginas 125 e seguintes; BERNARD DENVIR, «Impressionismo – Os Pintores e as Pinturas», tradução, Livraria Civilização Editora, 1994.

onde se expunham as obras escolhidas por um júri composto pelos membros de "L'Académie des Beaux-Arts" –, e que deu origem ao "novo cânone" da pintura impressionista[189], logo a seguir, posto em causa, nomeadamente, pelo "fauvismo", pelo "pontilhismo", pelo "nabis", pelo "simbolismo" e, mais tarde, pelo "expressionismo", pelo "Blaue Reiter", pelo "cubismo", pelo "abstraccionismo", pelo "surrealismo"...

A controvérsia, a crítica, os juízos e as hierarquias de valor, as rupturas individuais ou de grupo, são, portanto, fenómenos essenciais e indispensáveis do ponto de vista artístico e cultural, constituindo "prova de vida" e de regeneração constantes. Mas se a cultura está, por natureza, permanentemente imersa em juízos de valor estético e em confrontos de hierarquias valorativas, provenientes tanto "de dentro" (da "comunidade" dos produtores de cultura, para usar uma expressão de recorte "habermasiano") como "de fora" (decorrentes da interacção entre fenómenos culturais e realidades sociais), tudo isto, pelo contrário, não deve ser transposto para o domínio do direito, sob pena de se pôr em causa a liberdade que os direitos fundamentais visam proteger.

Daí, que não caiba ao Direito proceder à definição de Cultura, devendo antes restringir-se a uma simples delimitação do respectivo âmbito, para o efeito da aplicação das normas jurídicas, ao mesmo tempo que deve criar mecanismos "procedimentais", para que os "conflitos culturais" possam ter lugar (de modo a que não degenerem em "guerra"), mas sem que haja a imposição de qualquer juízo valorativo *a se*. Nestes termos, o direito fundamental à cultura, do ponto de vista do respectivo âmbito de aplicação, deve ser entendido pelo intérprete mais como "garantia de pro-

---

[189] Novo cânone "impressionista", em ruptura com o anterior (no, então, presente), mas que não deixava de possuir também as suas "raízes" no passado e de "abrir portas para o futuro". Pois, conforme escreve EDWARD LUCIE-SMITH, «o impressionismo vai marcar uma crise na evolução da arte no século XIX – uma crise que conduz ao abandono de numerosas ideias que, até então, pareciam ser firmes e imutáveis, assim como à eclosão de um estado de espírito que continua muito moderno e muito perto de nós. Ao mesmo tempo, o movimento impressionista não é um fenómeno súbito, inesperado e totalmente isolado de qualquer processo histórico (...) Apesar dos percursores imediatos do impressionismo terem sido os realistas e os naturalistas de meados do século XIX, os seus antepassados mais longínquos compreendem não apenas DELACROIX mas também WATTEAU, BOUCHER, FRAGONNARD e – do outro lado dos Pirinéus – os grandes pintores espanhóis, em especial VELASQUEZ e GOYA» (EDWARD LUCIE-SMITH, «Introduction», in «Musée d' O.: C. d' O. I. et P.-i.», CIT., p. 8).

cedimento" do que como princípio de ordem material, pois deve estar "aberto" no tempo e no espaço a toda e qualquer dimensão cultural.

Do conteúdo do direito fundamental à cultura se tratou já no número anterior, pelo que fica aqui apenas a devida remissão. Conforme se explicou, o direito fundamental à cultura, enquanto conceito-quadro, possui um conteúdo complexo e diversificado (v.g. artigos 42.º, 73.º e 78.º CRP), que integra os (sub)direitos fundamentais de criação cultural, de fruição cultural, de participação cultural, de autor e de fruição do património cultural, assim como o dever fundamental dos particulares de defesa e valorização do património cultural, para além de numerosos deveres, tarefas, e princípios jurídicos de actuação a cargo dos poderes públicos.

Acerca da questão dos limites e restrições dos direitos fundamentais[190] existe actualmente um interessante debate metodológico que separa (em termos muito sintéticos e esquemáticos):

– os defensores da orientação "clássica", que distinguem entre um momento de interpretação e um momento de aplicação dos direitos fundamentais. Entendendo que, no primeiro momento, o que está em causa é a determinação do conteúdo e dos limites (expressos e implícitos) do direito fundamental, de acordo com as regras de interpretação, só num segundo momento, de aplicação do direito, se podendo verificar situações de colisão do exercício de direitos, as quais devem ser resolvidas de acordo com as regras do princípio da concordância prática[191];
– os defensores de uma "dogmática e retórica" dos direitos fundamentais (tal como desenvolvida por ROBERT ALÉXY[192]) que não separa os momentos de interpretação e de aplicação, partindo das normas constitucionais como "princípios" consagradores de uma

---

[190] Para o aprofundamento destas questões vide JORGE REIS NOVAIS, «As Restrições aos Direitos Fundamentais não Expressamente Autorizadas pela Constituição», Coimbra Editores, Coimbra, 2003.

[191] Neste sentido, entre nós, vide por todos JORGE MIRANDA, «Manual de D. C. – D. F.», tomo IV, cit., *mx.* pp. 329 e ss., VIEIRA DE ANDRADE, «Os Direitos F. na C. P. de 1976», cit., *mx.* pp. 298 e ss..

[192] Vide ROBERT ALÉXY, «Teoria de los Derechos Fundamentales», versão espanhola, Centro de Estudios Constitucionales, Madrid, 1997, *maxime* páginas 267 e seguintes.

protecção *prima facie* dos direitos (em termos irrestritos e ilimitados), para, seguidamente, proceder à respectiva interpretação e aplicação de acordo com regras constitucionais de conflitos, as quais devem valer tanto para a determinação dos limites e das restrições dos direitos como para os casos de conflito ou de colisão de direitos. O que significa que, na prática, a não separação entre momentos de interpretação e de aplicação, conduz à não distinção entre problemas de determinação de limites e restrições e problemas de colisão de direitos fundamentais[193].

Não pertence ao objecto do presente trabalho estar a discutir, de forma aprofundada, o problema. Pela minha parte, refiro apenas que: por um lado, a orientação clássica procede a uma separação demasiado rígida entre os momentos de interpretação e de aplicação do direito, quando entre ambos deve existir, em minha opinião, uma relação de continuidade ou um "fluir contínuo"[194]; por outro lado, julgo algo formalística e desnecessária a ideia de ter de considerar autonomamente uma "protecção *prima facie*" (que não só nada adianta à previsão da norma, como, ainda por cima, a isola aprioristicamente das demais) e, só depois, considerar uma protecção efectiva decorrente da utilização de regras de conflitos (que é, da minha perspectiva, a única protecção relevante).

Dada esta minha "crítica de razão teórica" (e consequente "ambivalência afectiva") relativamente às duas metodologias em causa – e tendo em conta que, apesar dos diferentes pressupostos, os resultados a que elas chegam não são muito distintos –, proponho-me adoptar uma lógica de "crítica de razão prática", que combina ambos os métodos, sem que isso signifique a adesão total aos respectivos fundamentos. Desta feita, e partindo do princípio de que não é possível – nem desejável – separar os problemas de interpretação e de aplicação de normas jurídicas, considero, no entanto, que a partir (do conjunto) das previsões normativas (susceptíveis de ser aplicadas) o jurista deve determinar o sentido da norma a aplicar, tendo em conta quer os limites e restrições (expressos ou implícitos), quer

---

[193] Neste sentido, entre nós, vide por todos GOMES CANOTILHO, «Direito C. e T. da C.», cit., pp. 1253 e ss.; JORGE REIS NOVAIS, «As Restrições aos D. F. não E. A. pela C.», cit.. *mx.* pp. 322 e ss.; SÉRVULO CORREIA, «O Direito de Manifestação – Âmbito de Protecção e Restrições», Almedina, Coimbra, 2006, *mx.* páginas 61 e seguintes.

[194] Vide VASCO PEREIRA DA SILVA, «Em Busca do A. A. P.», cit., pp. 83 e ss..

as "regras constitucionais de conflito de direitos", tratando de forma idêntica as situações de limitações e restrições assim como as de colisão de direitos fundamentais.

O direito fundamental à cultura (artigos 42.º, 73.º n.os 1 e 3, 78.º CRP) encontra-se constitucionalmente consagrado mediante cláusulas que não fazem qualquer referência a limites nem a restrições de natureza legislativa. Mas isso não significa que o direito fundamental à cultura possa ser entendido de forma isolada, sem tomar em consideração a integralidade da constituição material, designadamente sem ter em conta o necessário estabelecimento de relações de complementaridade ou de conflitualidade com outros direitos fundamentais, ou com valores e princípios constitucionais essenciais. De resto, em termos metafóricos, pode-se mesmo afirmar que a especial "intimidade" entre o direito fundamental à cultura e alguns dos seus congéneres "mais próximos" (*v.g.* a liberdade científica, o direito ao ensino, a liberdade de expressão, a liberdade religiosa, os direitos de personalidade, o direito de propriedade[195]) é particularmente propícia ao surgimento tanto de relacionamentos de colabo-ração e conjugação ("relações amorosas"), como de conflito e colisão ("relações de ódio"), como ainda de "natureza mista" (relações de "amor--ódio"), entre direitos fundamentais.

Assim – mesmo se a letra do artigo 18.º, n.º 2, da Constituição, "diz mais do que pode" (pois, parafraseando SHAKESPEARE, "há mais coisas no céu e na terra, do que aquelas que o legislador – seja constituinte, seja ordinário – pode prever"), ao consagrar aparentemente um regime mais exigente para o caso das restrições aos direitos liberdades e garantias, estabelecendo que elas só são admissíveis quando «expressamente previstas na Constituição» e nos termos da "reserva de lei" –, é inevitável que a inter-

---

[195] Neste sentido, JORGE MIRANDA procede ao elenco dos seguintes casos de relacionamento especial entre o direito à cultura e outros direitos fundamentais: a) direitos pessoais (art. 26.º, n.º 1, CRP); b) liberdade de aprender e de ensinar (art. 43.º, n.º 1, CRP) e direito à educação (arts. 73.º e ss., CRP); c) liberdade religiosa (art. 41.º, CRP) – «porque a arte pode ter por objecto a religião (ou outras vivências espirituais), a liberdade de criação cultural revela-se uma das dimensões daquela liberdade» –; d) liberdade de iniciativa empresarial (art. 61 CRP); f) direito à ciência (art. 73.º, n.º 4, CRP); e) direito ao ensino (art. 43.º, n. 2, CRP), visto que, «como garantia, a Constituição veda ao Estado programar a educação e a cultura segundo quaisquer directrizes filosóficas, estéticas, políticas, ideológicas ou religiosas» (JORGE MIRANDA, «Artigo 42.º – Anotação», in JORGE MIRANDA / RUI MEDEIROS, «Constituição P. A.», tomo I, cit., pp. 451 e ss.).

pretação do direito fundamental à cultura em função do "todo constitucional" vá obrigar à necessidade da sua compatibilização com outros direitos e princípios constitucionais fundamentais, daí resultando problemas de limites e restrições ou de colisão de direitos. O que significa, em minha opinião, que o sentido útil do artigo 18.°, n.° 2, da Constituição, só possa ser o de se considerar que as restrições – tal como os limites e as colisões de direitos – só são admissíveis a título excepcional, em caso de conflito de normas, princípios, valores, ou direitos, de idêntico valor constitucional, e sempre subordinadas ao princípio da proporcionalidade (na sua tripla acepção de necessidade, adequação e proibição do excesso) – como, de resto é estatuído pelo referido artigo, segundo o qual «as restrições [devem] limitar-se ao necessário para salvaguardar outros direitos ou interesses legalmente protegidos»[196].

O problema dos limites e restrições, assim como da colisão de direitos, portanto, só se pode colocar, a título excepcional, nos termos «determinados pela própria Constituição», de acordo com a respectiva «concepção da pessoa humana» («isto é, do ser humano como personalidade responsável por si mesma, que se desenvolve livremente dentro da comunidade social»), e «observando-se a unidade do seu sistema axiológico fundamental» (SCHWABE)[197]. Daqui resultando, de acordo com o "critério de razão prática" antes enunciado, que tanto os limites e restrições como as colisões de outros direitos com o direito fundamental à cultura só são admissíveis, a título excepcional, em caso de conflito de valores ou de «colisão com outras normas constitucionais» (EPPING)[198], devendo ser sempre resolvidos, seja pelo intérprete e aplicador do direito, seja pelo legislador «com vista exclusivamente a promover o respeito dos direitos dos outros e a satisfazer as justas exigências da moral, da ordem pública e do bem-estar numa sociedade democrática» (nos termos do artigo 29.°, n.° 2, da Declaração Universal dos Direitos do Homem)[199].

---

[196] O texto integral do artigo 18.°, n.° 2, da Constituição, é o seguinte: «a lei só pode restringir os direitos, liberdades e garantias nos casos expressamente previstos na Constituição, devendo as restrições limitar-se ao necessário para salvaguardar outros direitos ou deveres constitucionalmente consagrados».

[197] JÜRGEN SCHWABE, «Comentário ao Art. 5 III G», in JÜRGEN SCHWABE / LEONARDO MARTINS (coorden.), «Cinquenta A. de J. do T. C. F. A.», cit., p. 499.

[198] EPPING, «Grundrechte», cit., p. 99.

[199] Neste sentido, relativamente às restrições, vide JORGE MIRANDA, «Artigo 42.° (anotação)», in JORGE MIRANDA / RUI MEDEIROS, «Constituição P. A.», tomo I, cit., p. 454.

Enunciada a questão dogmática, é tempo de passar agora à tópica, analisando algumas situações tanto de limites e restrições como de colisão de direitos[200], procurando encontrar "linhas de orientação constitucional" para a sua resolução. Considerados habitualmente como problema de limites ao direito à cultura (embora sejam também ilustrativos dos "limites" de uma separação rigorosa entre interpretação e aplicação do direito, pois também poderiam ser vistos, em certo sentido, como problemas de colisão de direitos), são os problemas de enquadramento jurídico a dar à pornografia. Assim, JORGE MIRANDA entende que «a rejeição da pornografia» é uma consequência das «limitações impostas por lei», e decorrentes do artigo 29.º, n.º 2, da Declaração Universal dos Direitos do Homem ("respeito pelos direitos dos outros", "justas exigências da moral", "ordem pública", "bem-estar", tal como se colocam numa "sociedade democrática")[201], relativamente ao direito fundamental à cultura..

Algo diferentemente, a jurisprudência constitucional alemã admitiu a consideração de um romance pornográfico como «cultura [Ac. BverfGE 1983], no sentido do art. 5 Abs. 3 da Lei Fundamental», mas «ao mesmo tempo considerou tal obra artística como manifestamente perigosa para a juventude, pelo que a submeteu *ipso iure* a limitações de circulação e de divulgação ("Verbreitungsbeschränkungen")» (IPSEN)[202]. Daí «decorrendo a submissão» do direito à cultura, mesmo se consagrado constitucionalmente "sem reservas", à «regra da limitação às "normas jurídicas de protecção da juventude"», referidas (no n.º 2, do art. 5.º, da Lei Fundamental alemã) a propósito das liberdades de expressão e de manifestação (IPSEN)[203]. Noutro caso, referenciado por EPPING, a aplicação das referidas limitações à liberdade de criação cultural levou mesmo à proibição de venda do livro pornográfico, com base nas regras de protecção da juven-

---

[200] Diga-se, de passagem, que muitas das situações emblemáticas apresentadas têm por base acórdãos do Tribunal Constitucional alemão, não só em razão da diversidade e qualidade das respectivas decisões, mas também – perdoe-se o desabafo – em razão da dificuldade em "encontrar", especialmente em Portugal, jurisprudência constitucional "bastante" em matéria de direito fundamental à cultura – o que, infelizmente, diz bem do reduzido "eco constitucional" que os problemas jurídicos da cultura têm encontrado, entre nós.

[201] JORGE MIRANDA, «Artigo 42.º (anotação)», in JORGE MIRANDA / RUI MEDEIROS, «Constituição P. A.», tomo I, cit., p. 454.

[202] JÖRN IPSEN, «Staatsrecht II – G.», cit., p. 146.

[203] JÖRN IPSEN, «Staatsrecht II – G.», cit., p. 146.

tude[204]. Mas, tanto neste como em casos similares, a jurisprudência constitucional considerou sempre que «apenas os "bens constitucionalmente protegidos" são susceptíveis de permitir a limitação da liberdade artística» (IPSEN)[205].

Esta última forma de enquadramento jurídico da questão parece-me adequada, possibilitando a aplicação dos critérios antes referidos. Independentemente de discutir se uma obra pornográfica é ou não cultura, ou de cair na interminável discussão acerca de como distinguir pornografia de erotismo, é de considerar que os conteúdos pornográficos são susceptíveis de cair no âmbito de protecção do direito de criação cultural ou da liberdade de expressão (como prefere fazer antes a jurisprudência norte-americana, veja-se o célebre "caso Larry Flint", que deu origem ao filme de Milos Forman). Mas, não obstante, nenhuma protecção é absoluta. Dada a natureza eventualmente chocante do material em questão, gera-se aqui um problema de conflito de normas ou valores, que "autoriza" a limitação ou restrição do direito à cultura para a salvaguarda de outros direitos ou valores constitucionalmente protegidos (vide o artigo 29.º da Declaração Universal dos Direitos do Homem). Ora, o critério constitucional genérico para a resolução destes conflitos é o da proporcionalidade, pelo que, no caso em apreço, tais limites e restrições devem, sobretudo, dizer respeito às condições de produção, distribuição e comercialização desses conteúdos pornográficos e, só, em casos extremos, podem conduzir à interdição total da circulação dos mesmos.

Muito frequentes são os casos de conflito entre o direito fundamental à cultura e os direitos de personalidade. Particularmente emblemático, a todos os títulos, é o célebre Acórdão do Tribunal Constitucional Alemão no "caso Mephisto" (BVGE de 24 de Fevereiro de 1971)[206], relativo à proibição judicial de publicação de um livro.

O livro intitulava-se «Mephisto – Romance de uma Carreira», foi escrito por Klaus Mann, e era (mais) uma versão moderna do mito de "Fausto". O romance narra a história de um actor, Hendrik Höfgen (personagem de ficção, inspirado na vida do actor Gustaf Gründgens),

---

[204] Epping, «Grundrechte», cit., pp. 95 e 96.
[205] Jörn Ipsen, «Staatsrecht II – G.», cit., p. 146.
[206] Vide a reprodução do "Acórdão Mephisto" (BVGE de 24 de Fevereiro de 1971), in Jürgen Schwabe / Leonardo Martins (coorden.), «Cinquenta A. de J. do T. C. F. A.», cit., pp. 495 e ss..

célebre pelas suas interpretações de "Mephisto" no "Fausto" de GOETHE[207], que faz um "pacto com o Diabo", na Alemanha nazi, tornando-se o "actor oficial do regime". O livro tinha sido publicado na Holanda (1936), onde o seu autor se tinha exilado, mas a editora "Aufbauverlag" pretendia fazer uma nova edição, na Alemanha, em 1956. A publicação alemã da obra vai ser proibida pelos tribunais, que consideraram estar em causa uma violação do direito ao bom nome e à honra do actor GUSTAF GRÜNDGENS (então, há pouco falecido), dando provimento ao pedido apresentado pelos seus descendentes. Seguiu-se o pedido de "amparo constitucional" ("Verfassungsbeshwerde"), com fundamento na violação da liberdade de criação artística, apresentado pela editora do livro contra a decisão do Tribunal Federal Alemão (BGH, de 20 de Março de 1968), que mantivera a proibição judicial, daí vindo a resultar o "Acórdão Mephisto".

O argumento principal do acórdão – sendo correcto, em tese geral, revelou-se "equívoco" na sua aplicação, pois, tanto servia para fundamentar a decisão a que se chegou, como a "sua contrária" – era o de que, na ausência de limites expressos constantes da Lei Fundamental, «um conflito a ser observado no contexto da garantia da liberdade artística deve ser resolvido por meio da interpretação constitucional, segundo o paradigma da ordem axiológica da *Grundgesetz*, observando-se a unidade do seu sistema axiológico fundamental»[208]. De acrescentar ainda que, na votação do Acórdão Mephisto, verificou-se um curioso "empate técnico" (cinco juízes votaram a favor, outros tantos contra), não tendo sido, por isso, dado provimento ao pedido de inconstitucionalidade, nem anulada a sentença judicial impugnada de proibição do livro.

Ora, tratando-se de uma sentença que tem por base um conflito envolvendo o mito de Fausto, dir-se-ia que tanto o "Acórdão Mephisto" como os respectivos factos (incluindo nestes, tanto aqueles que estão na

---

[207] À semelhança do personagem ficcionado (HENDRIK HÖFGEN), GUSTAF GRÜNDGENS era um actor consagrado, conhecido especialmente pelas suas interpretações de "Mephisto", no «Fausto», de GOETHE (de que foi também encenador), tendo tido uma longa e aclamada carreira, na Alemanha (tanto durante como depois do nazismo). Existe uma versão filmada do «Fausto», segundo GOETHE, realizada por PETER GORSKI, mas encenada por GUSTAF GRÜNDGENS, que intervém também como intérprete da personagem "MEPHISTO", que está disponível em DVD (Golden Classics, Filmes Unimundos II, S.A.).

[208] JÜRGEN SCHWABE / LEONARDO MARTINS (coorden.), «Cinquenta A. de J. do T. C. F. A.», cit., p. 499.

sua origem, como os subsequentes da decisão) parecem seguir à risca o "enredo da história", ao ponto de se poder afirmar que a "realidade imita a ficção". Se não vejamos:

- o conteúdo do acórdão adopta uma lógica "salomónica", pois, aparentemente, reconhece como valores idênticos de natureza constitucional a liberdade cultural e os direitos de personalidade, mas, para além dessa "afirmação", não chega a proceder a uma efectiva e adequada ponderação daqueles no caso concreto;
- ao nível dos factos, parece haver igualmente uma incongruência entre a sua qualificação e a respectiva ponderação na decisão, pois, refere-se estar em causa uma obra de ficção e não uma "biografia", mas, não obstante, isso já não é tido em conta quando se considera ter havido lesão dos direitos de personalidade de outrem;
- o dispositivo do acórdão não é congruente com os respectivos pressupostos, já que a sentença faz uma análise profunda e detalhada do direito fundamental de criação cultural, assim como da admissibilidade (somente a título) excepcional dos respectivos limites e restrições, mas "decide ao contrário". Isto, porque as premissas – tão correctamente enunciadas e desenvolvidas – não batem certo com a conclusão de manter a proibição de publicação e comercialização do livro. Dir-se-ia, ironizando, tratar-se de uma sentença que acerta nos "entretantos" para errar nos "finalmentes";
- a solução a que se chegou foi o resultado de uma votação do Tribunal Constitucional alemão que terminou empatada (cinco votos a favor e cinco contra), mas esse empate, na prática, equivaleu à recusa de provimento do pedido do particular que impugnara a decisão judicial de proibição do livro. Assim, o acórdão, por um lado, é fruto da polémica e da cisão dogmáticas, que dividiram "ao meio" o tribunal constitucional, por outro, gerou uma multiplicidade de reacções, críticas, condenações e polémicas doutrinárias, as quais chegaram até aos nossos dias;
- apesar do efeito útil da sentença ser a proibição da obra, o que é facto é que o livro chegou a circular e a ser comercializado na Alemanha, sem que tivesse suscitado qualquer reacção ou objecção por parte das autoridades públicas ou dos particulares interessados (mesmo se numa edição estrangeira);

– o livro inspirou um filme de 1981, também intitulado «Mephisto», do realizador István Szabo, que tinha como protagonista o actor austríaco Klaus Maria Brandauer – numa interpretação "fabulosa", diga-se de passagem. Diferentemente do que tinha acontecido com o livro (objecto de proibição legal), na Alemanha, o filme (nele inspirado) foi exibido no circuito comercial, sem que tivessem sido colocadas quaisquer objecções. E se me é permitida uma pequena nota pessoal, vi o filme em 1985, na Alemanha, numa sessão gratuita, organizada por uma instituição cultural alemã (ou seja, "pago" por dinheiros públicos alemães). O que significa que a "história" do livro proibido, por violação dos direitos de personalidade, não só era "autorizada", como também "subsidiada", na sua versão cinematográfica, pelo mesmo ordenamento jurídico (naquilo que, ironizando também se poderia considerar como uma "manifestação esquizofrénica" da "unidade" do sistema jurídico). E, continuando em tom intimista, o impacto suscitado pelo referido filme foi tão forte que recordo, com a saudade dos tempos (bem) passados, uma "excursão" organizada por um grupo de amigos de todas as nacionalidades (então, todos a estudar na Alemanha) ao Estádio Olímpico de Berlim, para esconjurar "fantasmas culturais", aos gritos de: "Ich bin ein Schauspieler! Ich bin nur ein Schauspieler!!!" ("Eu sou um actor! Eu sou apenas um actor!!!").

Tudo visto, a conclusão impõe-se (mais em tom de farsa do que de tragédia): versando o "Acórdão Mephisto" sobre uma "história" em que se tratava de "vender a alma ao Diabo", era impossível fazer corresponder, de forma mais perfeita, o "enredo jurídico" à "história ficcionada" – pois, no caso em apreço, ainda para mais tratando-se de uma obra de ficção, não só era duvidoso que se colocasse qualquer problema de colisão com os direitos de personalidade, como também, mesmo admitindo sem conceder que ele houvesse, a proibição da publicação era manifestamente desproporcionada (como a "prática", aliás, acabou por "demonstrar"). Assim, do "Acórdão Mephisto" ao "mefistofelismo jurídico", triunfante nessa decisão jurisprudencial, temos um bom exemplo da "realidade a imitar a ficção", numa convergência temática (neste caso, infeliz) entre "Direito da Cultura" e "Cultura do Direito".

Ainda relativos a conflitos entre o direito à cultura e os direitos de personalidade, mas podendo alargar-se a outros, nomeadamente, a liberdade de expressão ou a liberdade religiosa (como no "case study" das "caricaturas de Maomé"), são os casos de sátira política. Trata-se de casos[209] em que, ao lado da dimensão artística (v.g. caricatura, fotomontagem, texto satírico), existe também uma intencionalidade política imediata, que pode mesmo chegar ao ponto de ser «tão veemente que a dimensão artística é instrumentalizada» (IPSEN)[210]. E que gerou uma polémica entre aqueles que defendem dever prevalecer a dimensão cultural ("*in dubio pro arte*"), ou aqueles que pretendem fazer avultar a liberdade de expressão, ou ainda aqueles que consideram ser necessário conciliar, no caso concreto, todos os direitos em conflito (v.g. direito à cultura, liberdade de expressão ou religiosa, direitos de personalidade)[211]. Sendo esta última a posição que julgo mais adequada, tanto por permitir atender à globalidade dos direitos e valores em confronto, como também por evitar soluções "unilateralistas"[212], procurando antes a "composição" do caso concreto através da conciliação dos direitos conflituantes, de acordo com o princípio da proporcionalidade.

Merecem também referência os casos de conflito entre o direito à cultura e o direito de propriedade privada (mas o mesmo vale, *mutatis mutantis*, para outros direitos reais públicos ou privados), nomeadamente em matéria de "graffitis". A jurisprudência constitucional alemã tem entendido[213] que o direito à cultura não "autoriza" agressões ilegais da

---

[209] De referir, nomeadamente, o acórdão relativo às caricaturas surgidas aquando das eleições da Baviera, nos anos 80, em que os candidatos eram retratados com corpo de animal (a fazer lembrar a questão surgida, mais tarde - e que, infelizmente, não suscitou apenas reacções jurídicas -, em numerosos países europeus, com as denominadas "caricaturas do profeta"); ou o célebre caso do «Anachronistischer Zug» (Ac. BverfGE 67, 213). Vide JÖRN IPSEN, «Staatsrecht II – G.», cit., p. 148; EPPING, «Grundrechte», cit., pp. 97 e 98.

[210] JÖRN IPSEN, «Staatsrecht II – G.», cit., p. 148.

[211] Acerca desta discussão, no direito alemão, vide JÖRN IPSEN, «Staatsrecht II – G.», cit., pp. 147 e 148.

[212] Soluções "unilateralistas" que devem ser evitadas, salvo circunstâncias excepcionais, quer sejam desfavoráveis ao direito à cultura (à semelhança das do "Acórdão Mephisto" – *v.g.* de proibição de edição ou de comercialização, de apreensão de exemplares de "obras" artísticas ou intelectuais) –, quer sejam favoráveis ao direito à cultura (mas descurando, por exemplo os direitos de personalidade – *v.g.* o afastamento liminar da responsabilidade civil, ou do direito de resposta nos órgãos de comunicação social).

[213] Vide os denominados acórdãos "Sprayer" (BverfG, NJW 1984, 1293, BverfG, NJW, 1995, 2648). Cfr. JÜRGEN SCHWABE / LEONARDO MARTINS (coorden.), «Cinquenta A. de J. do T. C. F. A.», cit..

«propriedade alheia mesmo se realizadas com fins artísticos», com o argumento de que «também é possível realizar uma tal manifestação artística sem a agressão da propriedade privada», como sucede, nomeadamente, em caso de autorização do proprietário, ou quando se trate de um espaço (público ou privado) criado expressamente para esse efeito[214]. Solução que me parece de adoptar, tanto por razões de ordem jurídica, como também mesmo de ordem cultural – pois, permita-se-me a ironia, pela minha parte, independentemente dos aspectos jurídicos, não me importaria de ver a parede de minha casa "pinchada" por JEAN-MICHEL BASQUIAT, ou por KEITH HARING, mas já considero de muito "mau gosto" as obscenidades de energúmenos, ou as declarações amorosas de jovens impúberes ou ainda as manifestações de apoio a partidos ou clubes de futebol.

---

[214] PIEROTH / SCHLINK, «Grundrechte – S. III.», p. 155.

4 – O problema da natureza jurídica dos direitos fundamentais na Constituição Portuguesa. A dupla dimensão do direito fundamental à cultura como direito subjectivo e como estrutura objectiva da sociedade

Caracterizado o direito fundamental à cultura, é tempo agora de aprofundar a (já antes aflorada) questão da sua natureza jurídica, nomeadamente, retirando todas as consequências da sua qualificação como direito subjectivo e como estrutura jurídica da sociedade.

Recapitulando o que se deixou dito, e procurando agora colocar o problema em termos esquemáticos, a questão da natureza jurídica do direito à cultura depende da resposta às três "questões mágicas" (que antes enunciei a propósito do direito ao ambiente) quanto a:

- Saber se o direito à cultura é mesmo um direito fundamental ou uma tarefa estadual "disfarçada"?
- Saber se o direito à cultura deve ou não ser considerado como um direito subjectivo?
- Saber quais as consequências em termos de regime decorrentes da natureza jurídica do direito ao ambiente?

Ora, das considerações feitas acerca do direito fundamental à cultura, resulta que foi já dada resposta às duas primeiras questões (mesmo se a questão da natureza de direito subjectivo público, não obstante, ainda mereça agora ser retomada e aprofundada), enquanto que a resposta à terceira questão está reservada para um momento posterior do presente trabalho (v. o ponto 5). Nestes termos:

- o direito fundamental à cultura é um verdadeiro direito fundamental e não uma qualquer outra realidade objectiva sob "disfarce". Isto, porque a Constituição portuguesa, a par da tutela

objectiva da cultura, consagra expressamente o direito fundamental à cultura como conceito-quadro, dotado de um conteúdo complexo e diversificado, que compreende os direitos fundamentais de criação cultural, de fruição cultural, de participação cultural, de autor e de fruição do património cultural, bem como o dever fundamental dos particulares de defesa e valorização do património cultural, sem esquecer ainda outros deveres, tarefas, e princípios jurídicos de actuação a cargo dos poderes públicos (vide os artigos 42.º, 73.º e 78.º CRP). Direito à cultura este que assenta na dignidade da pessoa humana, possuindo assim o mesmo fundamento axiológico dos demais, e que apresenta uma configuração jurídica estrutural idêntica à das congéneres posições jurídicas subjectivas (nomeadamente, combinando uma vertente negativa e outra positiva);
– o direito à cultura é um verdadeiro direito subjectivo público, pois, confere aos respectivos titulares uma posição jurídica de vantagem, fundada na Constituição, e que se vai reflectir nas relações jurídicas (públicas ou privadas) de cultura.

Do ponto de vista da qualificação jurídica, também se fez já referência ao facto dos direitos fundamentais possuírem uma natureza "duplamente dupla", na medida em que apresentam simultaneamente:

– uma dimensão negativa, que protege os seus titulares de quaisquer agressões provenientes de entidades públicas ou privadas, e uma dimensão positiva, que obriga à actuação dos poderes públicos para a sua concretização;
– uma dimensão subjectiva, enquanto direitos subjectivos públicos, e uma dimensão objectiva, como princípios jurídicos ou como estruturas objectivas da sociedade.

E, conforme antes se demonstrou, os direitos fundamentais apresentam uma natureza jurídica unitária, independentemente do "momento do seu nascimento" – e consequente integração na "primeira", na "segunda" ou na "terceira geração" (e mais gerações se seguirão, pois "não há fim para a História) –, ou da sua "arrumação constitucional" como "direitos, liberdades e garantias" ou como "direitos económicos, sociais e culturais". Pois, todos eles, devem ser qualificados simultaneamente como:

- direitos subjectivos, desde logo, na medida correspondente à sua dimensão negativa, enquanto direitos de defesa contra agressões na esfera constitucionalmente protegida, mas também naquilo que se refere à respectiva dimensão positiva, pois são ainda de integrar na protecção subjectiva os deveres de actuação concretos e determinados a cargo de poderes públicos, assim como o dever de assegurar (ao menos) a garantia do "mínimo" de intervenção pública para a concretização dessa posição de vantagem do respectivo titular[215];
- princípios jurídicos ou como estruturas objectivas da comunidade, o que se traduz na consideração dos direitos fundamentais como conjunto de valores e princípios conformadores de todo o sistema jurídico – que devem ser utilizados como "critérios" de interpretação e de aplicação de todas as normas jurídicas –, assim como na consagração de tarefas, princípios ou regras jurídicas de actuação a cargo dos poderes públicos (correspondentes à parte objectiva da dimensão positiva do direito fundamental).

O direito fundamental à cultura é, portanto, «em primeiro lugar, num direito subjectivo», mas é também num «princípio jurídico objectivo orientador das decisões públicas» ("objektive wertentscheidende Grundsatznorm") (PIEROTH / SCHLINK)[216]. Daí a necessidade de analisar, mais detalhadamente, o que significa cada uma dessas dimensões da protecção subjectiva da cultura.

4.1 – *Dimensão subjectiva: o direito subjectivo fundamental à cultura*

A qualificação do direito fundamental à cultura como direito subjectivo público, antes feita, assenta na denominada doutrina da "norma de

---

[215] Conforme se fez também já referência, a presente formulação representa uma evolução da concepção unitária dos direitos fundamentais, por mim antes enunciada, a propósito do direito ao ambiente (vide «Verde C. de D. – L. de D. do A.», cit., pp. 84 e ss.), e na qual se fazia corresponder o direito subjectivo à dimensão negativa da protecção constitucional, assim como a vertente de princípio jurídico ou de estrutura objectiva da sociedade à dimensão positiva do direito fundamental.
[216] PIEROTH / SCHLINK, «Grundrechte – S. III.», p. 153.

protecção" ("Schutznormtheorie"), a qual, na sua evolução, passou por três momentos principais. Estes momentos podem ser caracterizados como: a fase do surgimento, com BÜHLER; a fase da reformulação, com BACHOF; a fase do alargamento, a partir da (re)aproximação dogmática entre a noção de direitos fundamentais e os direitos subjectivos das relações jurídicas administrativas[217]. Assim, em termos muito sintéticos:

1) num primeiro momento, BÜHLER procedeu à teorização das três "condições de existência" de um direito subjectivo público, a saber: uma norma jurídica vinculativa, a intenção legislativa (contida na norma) de protecção de interesses individuais, a consagração de meios de tutela jurisdicional para a protecção desses interesses individuais legalmente protegidos[218];
2) num segundo momento, BACHOF precedeu à reformulação da noção de direito subjectivo público, em termos adequados a um Estado Social de Direito, o que conduziu ao alargamento do âmbito de aplicação da protecção jurídica subjectiva[219]. BACHOF "revisita" as "condições de existência" do direito subjectivo público, reformulando-as e reduzindo-as a duas. Assim, em primeiro lugar, BACHOF desloca a condição da "norma vinculativa" para as vinculações legais, considerando que existe um direito subjectivo na medida dessas vinculações jurídicas (v.g. o conteúdo do direito é igual ao conteúdo do dever a que a entidade

---

[217] Para o aprofundamento da teoria dos direitos subjectivos públicos e sua evolução vide VASCO PEREIRA DA SILVA, «Em Busca do A. A. P.», cit., pp. 212 e ss..

[218] OTTMAR BÜHLER, «Die Subjektiven öffentlichen Rechte und ihr Schutz in der Deutschen Verwaltungsrechtsprechungen», Kolhammer, Berlin / Stuttgart / Leipzig, 1914, páginas 224 e 225.

[219] OTTO BACHOF, «Reflexwirkungen und Subjektive Rechte im öffentlichen Recht», in «Gedächtnisschrift für Walter Jellinek – Forschungen und Berichte aus dem öffentlichen Recht», 2.ª edição, Gunther & Olzog, Muenchen, 1955, páginas 287 e seguintes. Vide também (embora já mais na óptica do Direito Administrativo), as considerações sobre a noção de direito subjectivo público em: OTTO BACHOF, «Über Einige Entwicklungstendenzen im Gegenwärtigen Deutschen Verwaltungsrecht», in «Staatsbürger und Staatsgewalt», volume II, C.F. Müller, Karlsruhe, 1963, páginas 3 e seguintes; «Die Dogmatik des Verwaltungsrechts vor den Gegenwartsaufgaben der Verwaltung», in «Veröffentlichungen der Vereinigung der Deutschen Staatsrechtslehrer», n.º 30, Walter de Gruyter, Berlin, 1972, páginas 193 e seguintes.

pública está obrigada). Em segundo lugar (nos termos da "condição" considerada "mais importante"), procede-se ao alargamento do direito subjectivo a todos aqueles casos em que uma qualquer vinculação jurídica proteja simultaneamente interesses públicos e privados (o que engloba, na categoria dos direitos, aquilo que tradicionalmente a doutrina portuguesa, estranhamente inspirada pelo direito italiano, denominava de interesses legítimos), considerando mesmo existir, nos modernos Estados de direito, uma "presunção" a favor do direito subjectivo. Já que, «de acordo com a ordem constitucional», todas as vinculações resultantes de «normas que conferem situações de vantagem objectiva e intencionalmente concedidas transformaram-se em direitos subjectivos» (BACHOF)[220]. Por último, segundo BACHOF, a protecção jurisdicional deve passar a ser vista como "consequência" e não mais como "condição" do direito subjectivo, uma vez que as modernas constituições dos Estados de Direito consagraram o princípio da protecção plena e efectiva dos particulares (vide, na Alemanha, o artigo 19.°, 4.° da Lei Fundamental, em Portugal, o artigo 268.°, n.° 4, CRP). De referir, por último, que esta "reconstrução" por BACHOF da teoria do direito subjectivo público de BÜHLER encontrou aceitação doutrinária generalizada (na Alemanha como noutros países);

3) num terceiro momento, verificou-se o «renascimento (...) da teoria da norma de protecção» (BAUER)[221], decorrente da reformulação conceptual e do alargamento dos direitos subjectivos públicos

---

[220] OTTO BACHOF, «Reflexwirkungen und S. R. im ö. R.», cit., in «Gedächtnisschrift für W. J. – F. und B. aus dem ö. R.», cit., p. 300.

[221] HARTMUT BAUER, «Die Schutznormtheorie im Wandel», in HECKMANN / / MESSERSCHMIDT, «Gegenwartsfragen des öffentlichen Rechts», Duncker & Humblot, Berlin, 1988, página 117. Sobre a posição particular deste autor (a "meio-caminho" entre a refutação e a reformulação da doutrina da norma de protecção), vide também HARTMUT BAUER, «Geschichtliche Grundlage der Lehre vom subjektiven öffentlichen Rechte», Duncker & Humblot, Berlin, 1986; «Altes umd Neues zum Schutznormtheorie», in «Archiv des öffentlichen Rechts», volume 113, n.° 4, Dezembro de 1988, páginas 583 e seguintes; «Verwaltungrechtslehre im Umbruch? Rechtsformen und Rechtsverhältnisse als Elemente einer zeitgemässen Verwaltungsrechtsdogmatik», in «Die Verwaltung – Zeitschrift für Verwaltungswissenschaft», volume 25, n.° 3, 1992, páginas 301 e seguintes.

a partir da doutrina dos direitos fundamentais. Este "novo fôlego" da doutrina da norma de protecção decorre da (re)afirmação dos direitos fundamentais como direitos subjectivos e da adopção de concepções unitárias acerca da natureza de todas as posições subjectivas públicas de vantagem. Desta forma, os direitos fundamentais «são utilizados tanto como critério de interpretação e de integração de lacunas de normas jurídicas ordinárias, a fim de determinar quais os interesses que elas visam proteger, como também para fundamentar imediatamente direitos subjectivos dos particulares perante a Administração. Esta reformulação da teoria da norma de protecção, acentuando o papel dos direitos fundamentais (o que representa um desenvolvimento da perspectiva inicial, mais virada para a determinação do sentido de normas de direito ordinário) pode-se dizer que corresponde actualmente à posição maioritária da doutrina alemã, sendo seguida por autores como BACHOF, ERICHSEN, TSCHIRA, KREBS, SCHMIDT-ASSMANN, WAHL»[222]. Assim, partindo dos direitos fundamentais, enquanto direitos subjectivos e enquanto criadores de um estatuto constitucional dos cidadãos, chega-se ao reconhecimento de "novos" direitos subjectivos públicos a particulares (antes considerados "terceiros" e agora tornados "sujeitos") em relações administrativas multilaterais, em especial, nos novos domínios de actuação da Administração Pública (v.g. ambiente, consumo, urbanismo, saúde).

A evolução da teoria dos direitos subjectivos públicos, segundo a doutrina da norma de protecção, veio pôr termo ao «dualismo» doutrinário, até aí existente, que separava «os direitos subjectivos do Direito Constitucional» e os «direitos subjectivos do Direito Administrativo» (BAUER)[223]. E conduziu ao alargamento dos direitos subjectivos públicos nas relações jurídicas administrativas multilaterais tendo por base a Constituição (*maxime* em domínios como o ambiente, o urbanismo, o consumo, a concorrência, a polícia).

Assim, é unânime o reconhecimento de que a unificação dogmática dos direitos subjectivos públicos, a partir dos direitos fundamentais, deu

---

[222] VASCO PEREIRA DA SILVA, «Em Busca do A. A. P.», cit., p. 235.
[223] HARTMUT BAUER, «Geschichtliche G. der L. vom s. ö. R.», cit., p. 132.

"bons frutos" no Direito Administrativo. Mas, se isso é assim, hoje, no Direito Administrativo, cabe agora perguntar porque é que não sucedeu o mesmo também no Direito Constitucional? Porque é que a noção de direito fundamental, enquanto direito subjectivo público, continuou a ser, na prática, restringida apenas a certas categorias de direitos (*v.g.* os "direitos da primeira geração" ou os "direitos, liberdades e garantias") e não foi alargada a todos? E porque é que, tantas vezes, a doutrina se limita apenas a qualificar os direitos fundamentais como direitos subjectivos (se é que, em alguns casos, chega sequer a fazer isso) sem se preocupar com o seu significado e alcance?

Da minha perspectiva, é tempo de, reafirmando a ideia de unidade dos direitos subjectivos públicos independentemente da sua fonte, procurar retirar todas as consequências dogmáticas da conjugação do Direito Constitucional com o Direito Administrativo, numa base de reciprocidade. O que significa que, depois de se ter feito o percurso do Direito Constitucional para o Administrativo, é necessário procurar agora seguir também em sentido inverso, do Direito Administrativo para o Constitucional, de modo a repensar a própria noção de direito fundamental.

Sem este refluxo do Direito Administrativo para o Constitucional continuaria a manter-se uma grave e insustentável situação de esquizofrenia ao nível dos direitos subjectivos públicos. Se não, veja-se o seguinte exemplo: a dogmática administrativa reconhece, com base no direito fundamental ao ambiente, que os vizinhos de uma fábrica gozam do direito subjectivo público à intervenção das autoridades públicas para verificar se estão, ou não, a ser cumpridos os limites de poluição estabelecidos na licença ambiental (vide o D.L. n.º 194/2000, de 21 de Agosto). Ora, esse mesmo direito fundamental ao ambiente, que assume no Direito Administrativo (para além, obviamente, da vertente negativa) uma dimensão positiva, conferindo direitos subjectivos públicos dos particulares à intervenção das autoridades públicas, é normalmente concebido pela doutrina constitucional – também enquanto direito subjectivo público – como apresentando uma dimensão puramente negativa, com sendo um mero direito de abstenção. E é um absurdo considerar que um só – e o mesmo – direito fundamental possua um conteúdo negativo e outro positivo, se entendido na perspectiva do Direito Administrativo, mas já tenha apenas um conteúdo negativo, quando avaliado na óptica do Direito Constitucional.

Daí a necessidade de consideração de uma "quarta fase" – ou, pelo menos, de uma nova etapa da "terceira fase" – da doutrina da norma de protecção, de forma a construir uma noção unitária de direito subjectivo público, que tenha em conta tanto a influência do Direito Constitucional no Administrativo como a do Direito Administrativo no Constitucional. O que passa, nomeadamente, por reconstruir a noção de direito fundamental, considerando simultaneamente a sua dimensão negativa como a positiva. É, pois, nessa linha de orientação, que devem ser entendidas as considerações que se seguem acerca dos elementos componentes da dimensão subjectiva dos direitos fundamentais.

Refira-se ainda, de passagem, que também não me parece fazer qualquer sentido a tentativa de "importar" para o Direito Constitucional a distinção entre "direitos de primeira", "de segunda" ou "de terceira categoria", por muito que esta se encontre generalizada (algo incompreensivelmente, se não se recorrer a "explicações do foro psicanalítico")[224], entre nós, no domínio do Direito Administrativo. Pois, conforme antes escrevi, relativamente ao Direito Administrativo, «a pretensa distinção das categorias de direito subjectivo, de interesse legítimo e de interesse difuso assenta, mais do que em supostas características materiais diferenciadas, sobretudo, numa distinção de ordem formal, que é a que decorre da utilização pela ordem jurídica de diferentes técnicas de atribuição de posições de vantagem, ainda que conduzindo a resultados idênticos[225]. Se não vejamos:

1) a lei pode atribuir um direito subjectivo, mediante uma norma jurídica que expressamente qualifica, como tal, essa posição jurídica de vantagem. Ora, neste caso (mas, incompreensivelmente, só neste) a doutrina administrativa clássica não tem qualquer dificuldade em qualificar a posição do particular perante a Administração como sendo um direito subjectivo;

2) mas a lei também pode estabelecer um dever da Administração no interesse do particular, o qual, no âmbito de uma relação jurídica, é correlato da posição de vantagem do particular. Ora, nesta

---

[224] Sobre a "infância difícil" do Direito Administrativo e a necessidade de proceder à respectiva psicanálise cultural, sentando-o sucessivamente nos "divãs": "da História", "da Constituição" e da "Europa", vide VASCO PEREIRA DA SILVA, «O Contencioso A. no D. da P. – E. sobre as A. no N. P. A.», cit, *mx* os Capítulos I e II.

[225] Vide VASCO PEREIRA DA SILVA, «Verde Cor de Direito – Lições de Direito do Ambiente», Almedina, Coimbra, 2002, páginas 96 e seguintes.

situação – da mesma maneira como na hipótese antes referida –, não obstante a diferente técnica legislativa utilizada, o particular goza também de uma posição substantiva de vantagem, cujo conteúdo é delimitado (de forma negativa) pela norma jurídica[226] (…)»;[227]

3) «para além das duas situações referidas, a ordem jurídica pode ainda atribuir um direito subjectivo mediante uma disposição constitucional (consagradora de um "estatuto"), que atribui aos particulares a possibilidade de fruição individual de um bem jurídico, livre de agressões ilegais provenientes de entidades públicas ou privadas; para além de estabelecer deveres ou tarefas aos poderes públicos necessárias para a sua concretização – como sucede no caso dos direitos fundamentais. E, também nesse caso, não obstante a diferente técnica jurídica utilizada, nos encontramos perante um direito subjectivo dos particulares, que tem como conteúdo, quer o dever de abstenção (com o consequente "direito de defesa"), quer eventuais deveres de actuação das autoridades públicas (mas não as genéricas tarefas, de natureza programática, muitas vezes dependentes de realidades de natureza

---

[226] Vasco Pereira da Silva, «O Contencioso A. no D. da P. – E. sobre as A. no N. P. A.», cit, pp. 246 e 247.

[227] Conforme, seguidamente, aí se explicava, «se o que está em causa são duas formas de atribuição de posições substantivas de vantagem, no domínio do Direito Público, tanto possui um direito subjectivo o funcionário que sabe que, ao fim de tantos anos de serviço, terá direito a uma regalia de natureza pecuniária, como o concorrente a um cargo público, que sabe que a Administração tem o dever de o ouvir, ou de o tratar segundo regras de imparcialidade, gozando assim dos correlativos direitos. Da mesma forma como, no domínio do Direito Privado, no que respeita à atribuição de direitos subjectivos, é indiferente que a norma estabeleça que o credor tem direito a receber a coisa vendida ou, pelo contrário, que o devedor tem o dever de a entregar, ou de cuidar dela até ao momento aprazado para a entrega. Assim sendo, então porque é que, no caso do Direito Privado, ninguém tem dúvidas em afirmar que, apesar da diferente técnica legislativa utilizada, tanto nos casos em que a lei qualifica directamente uma posição como sendo um direito, como naqueles outros em que a lei cria antes um dever jurídico estabelecido no interesse de outrem, se está perante um direito subjectivo, ao passo que, no Direito Público, a doutrina dominante, entre nós, tenderia a dizer que só a primeira das hipóteses é que configura um direito subjectivo, enquanto que a segunda daria origem a um mero interesse legítimo?» (Vasco Pereira da Silva, «O Contencioso A. no D. da P. – E. sobre as A. no N. P. A.», cit, p. 247).

extra-jurídica), no âmbito de relações jurídicas concretas. Da minha perspectiva, portanto, os denominados (por influência italiana) interesses difusos, equivalem a direitos subjectivos públicos decorrentes da Constituição»[228].

Ora, se tais considerações são válidas para o Direito Administrativo, mais ainda se impõem no domínio do Direito Constitucional, em que não se consegue vislumbrar qualquer razão para introduzir essas pseudo--categorias de posições jurídicas subjectivas. Daí a conclusão de que «em qualquer das três figuras referenciadas, e independentemente da técnica jurídica utilizada, encontramo-nos perante posições substantivas de vantagem, destinadas à satisfação de interesses individuais, possuindo idêntica natureza ainda que podendo apresentar conteúdos diferenciados, que são por isso de configurar como direitos subjectivos. Daí a reafirmação da minha ideia de não ser justificável distinguir entre direitos de primeira, de segunda, ou de terceira categoria, como seriam os direitos subjectivos, os interesses legítimos e os interesses difusos, sendo antes preferível proceder ao tratamento unificado dessas posições substantivas de vantagem no "conceito-quadro" de direito subjectivo (o que não obsta, por sua vez, a que este possa apresentar diferentes espécies e conteúdos, como sucede, de resto, noutros ramos de Direito)»[229].

Esclarecida esta questão, e partindo de uma concepção unitária dos direitos subjectivos públicos, é tempo agora de procurar "dissecar" a "composição interna" dos direitos fundamentais. Os direitos fundamentais, enquanto direito subjectivos, podem ser decompostos nos seguintes elementos:

1) direito de não agressão, ou liberdade contra agressões públicas;
2) direito a actuações dos poderes públicos, cujo conteúdo é correlativo dos deveres de actuação concretos e determinados, a que aqueles se encontrem obrigados pelas normas constitucionais;
3) direito (pelo menos) a um "mínimo" de intervenção estadual (sempre que as normas constitucionais se limitem a estabelecer

---

[228] VASCO PEREIRA DA SILVA, «O Contencioso A. no D. da P. – E. sobre as A. no N. P. A.», cit, pp. 247 e 248.
[229] VASCO PEREIRA DA SILVA, «O Contencioso A. no D. da P. – E. sobre as A. no N. P. A.», cit, p. 248.

deveres genéricos, tarefas, ou princípios jurídicos de actuação a cargo dos poderes públicos);
4) direito a protecção estadual contra agressões aos direitos fundamentais provenientes de entidades privadas.

Em primeiro lugar, os direitos fundamentais conferem aos seus titulares um direito subjectivo de não agressão, ou uma liberdade em face de agressões públicas. Trata-se da dimensão tradicional e paradigmática da natureza subjectiva do direito fundamental, que remonta à clássica teorização do "status negativus" (GEORG JELLINEK), mas que agora deve ser alargada a todos os direitos fundamentais, sejam eles da "primeira", da "segunda" ou da "terceira geração".

O direito subjectivo de não agressão consiste na atribuição ao respectivo titular de uma «faculdade jurídica de resistência contra uma intervenção estadual», a que corresponde, do lado dos poderes públicos «uma obrigação negativa (também chamada de "competência negativa"), qual seja, a obrigação de não fazer alguma coisa, isto é, de não intervir na esfera individual protegida pela norma de direito fundamental, salvo se houver uma legitimação constitucional para tanto. Esse é o efeito, por excelência, desta dimensão dos direitos fundamentais» (LEONARDO MARTINS)[230].

Em segundo lugar, os direitos fundamentais conferem aos respectivos titulares direitos a prestações por parte dos poderes públicos, que correspondem aos deveres de intervenção concretos e determinados consagrados nas normas constitucionais. Estes direitos a comportamentos a cargo dos poderes públicos, como é sabido, nasceram com a "segunda geração" dos direitos fundamentais[231], mas devem ser hoje entendidos

---

[230] LEONARDO MARTINS, «Introdução à Jurisprudência do Tribunal Constitucional Federal Alemão», in JÜRGEN SCHWABE / LEONARDO MARTINS (coorden.), «Cinquenta A. de J. do T. C. F. A.», cit., p. 80.

[231] Esta dimensão positiva dos direitos fundamentais inicia-se com o "Estado Prestador" (vide PETER HÄBERLE «Grundrechte im Leistungsstaat», in «Veröffentlichungen der Vereinigung der Deutschen Staatsrechtslehrer», n.º 30., Walter de Gruyter, Berlin / New York, 1972, páginas 43 e seguintes) e vai andar associada à "descoberta" de novos direitos fundamentais, que chega até aos nossos dias. Conforme escreve PETER HÄBERLE, relativamente à Alemanha, «desde 1949, que a dogmática jurídica tem vindo a desenvolver e a intensificar o âmbito das liberdades básicas, generalizando-as e possibilitando a que, através delas, e na medida do possível, qualquer cidadão as assuma e as "leve a sério" como verdadeiras "liberdades reais"». Verifica-se, assim, a «descoberta de novas liber-

como característicos de todos os direitos, os quais necessitam sempre de intervenção estadual para a sua concretização.

Os direitos fundamentais, na sua dimensão de prestação, não correspondem assim a uma qualquer tarefa abstracta e objectiva, antes a concretos comportamentos resultantes das vinculações constitucionais de actuação dos poderes públicos. Eles consistem em «pretensões jurídicas próprias do *status positivus*, onde ao indivíduo é atribuído um status de liberdade positiva (liberdade para alguma coisa), a qual pressupõe a acção estatal, tendo como efeito a proibição da omissão por parte do Estado» (LEONARDO MARTINS)[232]. Podendo tais posições constitucionais de vantagem resultar expressamente da norma de protecção fundamental, como sucede quando se consagram «direitos à prestação estatal específica de algo», ou dela resultar implicitamente – como sucede, nomeadamente, com os «direitos de participação e as garantias processuais, onde a mais central é a pretensão à protecção de direitos pelo Judiciário», ou com «os direitos de tutela contra agressões aos direitos fundamentais advindas de particulares (que correspondem ao dever estadual de tutela – "grundrechtliche Schutzpflichten")» (LEONARDO MARTINS)[233].

Em terceiro lugar, os direitos fundamentais implicam sempre um "mínimo de intervenção estadual", por mais discricionária que seja – ou que aparente ser – a vinculação legal. Esta é também uma vertente da dimensão positiva dos direitos fundamentais, mas que aqui se autonomiza, para mostrar que, para além dos direitos a concretos comportamentos decorrentes da Constituição (de forma explícita ou implícita), as autoridades públicas encontram-se também sempre vinculadas a um "mínimo" de concretização dos direitos fundamentais.

Isto porque, ainda que "aberto" e dotado de ampla margem de apreciação e de aplicação por parte da ordem jurídica, o direito fundamental

---

dades públicas como, por exemplo, o direito a manifestar-se livremente pelas ruas ou a elaboração do concreto elenco de prestações de segurança social, até alcançar, por fim, mesmo o âmbito relativo à segurança processual e procedimental» (PETER HÄBERLE, «Teoria de la C. como C. de la C.», cit., p. 82).

[232] LEONARDO MARTINS, «Introdução à J. do T. C. F. A.», in JÜRGEN SCHWABE / / LEONARDO MARTINS (coorden.), «Cinquenta A. de J. do T. C. F. A.», cit., p. 80.

[233] LEONARDO MARTINS, «Introdução à J. do T. C. F. A.», in JÜRGEN SCHWABE / / LEONARDO MARTINS (coorden.), «Cinquenta A. de J. do T. C. F. A.», cit., p. 80.

não deixa de se configurar como norma jurídica, que necessita de concretização pelos poderes públicos. Assim, a discricionaridade dos poderes públicos na realização das tarefas, ou dos princípios genéricos de actuação, decorrentes dos direitos fundamentais (que, bem entendido, não assumam a forma de deveres a comportamentos concretos), se permite escolhas de grande amplitude por parte dos poderes públicos (que podem variar entre um "nível mínimo" e um "máximo" de concretização, de acordo com as circunstâncias, ou com os programas políticos dos governos), obsta, contudo, a que estes se recusem a actuar, obrigando-os sempre a uma qualquer intervenção (mesmo que mínima) de realização dos direitos fundamentais[234].

Em quarto lugar, o direito fundamental confere protecção estadual contra agressões provenientes de entidades privadas na esfera constitucionalmente protegida. Esta protecção, tradicionalmente considerada como integrante da dimensão objectiva[235], deve hoje entender-se como compo-

---

[234] Distinto, embora conexo, é o «problema da existência e do alcance de um "princípio de não retrocesso" referente a normas constitucionais programáticas, isto é, o problema de saber se, uma vez produzidas pelo legislador ordinário normas destinadas a cumprir uma determinada tarefa constitucional (definida quer em termos concretos, quer em linhas gerais), podem estas vir a ser posteriormente revogadas ou alteradas». Em minha opinião, conforme antes escrevi, «enquanto normas jurídicas e não meros programas políticos, as normas constitucionais programáticas implicam que a revogação pura e simples das normas legislativas que as concretizam origine uma verdadeira inconstitucionalidade por acção. Tal não significa, porém, que a concreta regulamentação, feita pelo legislador ordinário, dessa norma constitucional nunca mais possa ser alterada, ou que as alterações posteriores não devam contrariar "o essencial" da sua primeira regulamentação. Pretendê-lo seria querer conferir às normas ordinárias concretizadoras de normas constitucionais programáticas um grau constitucional ou paraconstitucional» (VASCO PEREIRA DA SILVA, «Comentário ao Acórdão n.º 39 / 84, do Tribunal Constitucional», in «O Direito», Ano 106 / 119, 1974 / 1987, página 432).

[235] Neste sentido, acerca do direito alemão, refere LEONARDO MARTINS que «o chamado dever estatal de tutela ("Staatliche Schutzpflichten"), derivado dos direitos fundamentais tem sido visto, pela opinião dominante ("herrschende Meinung"), como um desdobramento da dimensão objectiva dos direitos fundamentais» (LEONARDO MARTINS, «Introdução à J. do T. C. F. A.», in JÜRGEN SCHWABE / LEONARDO MARTINS (coorden.), «Cinquenta A. de J. do T. C. F. A.», cit., p. 83).
Mas o autor acrescenta ainda, mais adiante, que tal posição, hoje em dia, tende a mudar e que o direito à protecção estadual «corresponde – apesar de apresentar-se sob este título aparentemente objectivo – à dimensão subjectiva dos direitos fundamentais. De facto, do dever geral de tutela, que se baseia numa situação de ameaça de alguns direitos,

nente do direito subjectivo constitucionalmente consagrado, não só porque, enquanto "direito de defesa", este requer instrumentos de protecção jurídica contra agressões tanto de públicos como de privados, como também em razão da aplicabilidade imediata e da directa vinculação de entidades privadas pelos direitos fundamentais.

Na verdade, o reconhecimento de um direito fundamental implica, por si só, a necessária configuração de «dever do Estado de [o] proteger activamente», «ou seja, de proteger o seu exercício contra ameaças de violação provenientes de particulares». Ora, este dever de protecção activa contra agressões públicas e privadas, significa, na prática, o reconhecimento de que «o particular também pode violar prescrições de direito fundamental» (LEONARDO MARTINS)[236]. Daí que, mesmo no direito alemão, em que a doutrina da "eficácia horizontal" «fora deixada de lado desde a obra de NIPPERDEY, do início dos anos 1950», a jurisprudência tenha sido forçada a reconhecer a existência de um dever estadual de protecção dos direitos fundamentais contra agressões provenientes de entidades privadas. O qual existe nos contextos «mais variados, revelando gradações (...), que vão desde um dever de mera prevenção de riscos, passando por um dever de promoção da segurança, chegando a um dever absoluto de proibição da conduta a ser imposta pelo Estado» (LEONARDO MARTINS[237]).[238]

---

perpetrada por particulares, nasce uma posição jurídico-subjectiva que provoca o mesmo efeito próprio da função clássica dos direitos fundamentais de oferecer resistência contra intervenção lesiva de outrem, no caso: proveniente de particulares e não do Estado, todavia sem vinculá-los directamente. Trata-se da função de resistência ampliada aqueles casos nos quais os particulares passaram a ameaçar a liberdade tutelada» (LEONARDO MARTINS, «Introdução à J. do T. C. F. A.», in JÜRGEN SCHWABE / LEONARDO MARTINS (coorden.), «Cinquenta A. de J. do T. C. F. A.», cit., p. 86).

[236] LEONARDO MARTINS, «Introdução à J. do T. C. F. A.», in JÜRGEN Schwabe / / LEONARDO MARTINS (coorden.), «Cinquenta A. de J. do T. C. F. A.», cit., p. 83.

[237] LEONARDO MARTINS, «Introdução à J. do T. C. F. A.», in JÜRGEN SCHWABE / / LEONARDO MARTINS (coorden.), «Cinquenta A. de J. do T. C. F. A.», cit., pp. 83 e 84.

[238] As três situações referidas de reconhecimento jurisprudencial do "direito à protecção estadual" (tanto preventivamente, através dos poderes legislativo e administrativo, como repressivamente, através do poder judicial), no direito alemão, segundo o autor em apreço, corresponderiam a um (menos intenso) «dever de prevenção de riscos» (v.g. relativo ao «uso da energia atómica») ou «dever de garantia da segurança (por exemplo, no caso da defesa de dados); a um mais intenso «dever de promoção da segurança», que obriga à «necessidade de intervenção directa do Estado nos conflitos havidos entre particulares»; e a uma radical proibição de determinadas condutas (v.g. a proibição «do aborto

O direito de protecção estadual contra agressões de entidades privadas, entre nós, é generalizadamente aceite, em razão da consagração pela Constituição dos princípios da aplicabilidade directa e da vinculação das entidades privadas pelos direitos fundamentais (artigo 18.°, n.° 1, CRP). Isto, não obstante, em minha opinião, tal vinculação não apresentar sempre o mesmo conteúdo, estando em causa «duas modalidades de vinculação distintas: uma vinculação, a título principal, que cabe às entidades privadas dotadas de poder, pela qual estas se encontram obrigadas a um dever activo de cooperação com os particulares que, em face delas, podem fazer valer direitos fundamentais; e uma vinculação, a título secundário, que cabe a todo e qualquer indivíduo, de respeitar um direito fundamental reconhecido a outrem em face do poder e cujo reflexo, nas relações inter-privadas, é esse dever geral de respeito»[239]. Tanto num caso como no outro, porém, os direitos fundamentais vinculam imediatamente as entidades privadas, pelo que o respectivo titular goza de protecção estadual contra agressões provenientes (tanto de entes públicos como) de sujeitos privados.

Mas, mesmo que em tese geral não se aderisse à doutrina da vinculação das entidades privadas pelos direitos fundamentais (o que, como se viu, considero ser incorrecto), ainda assim sempre se justificaria tal vinculação como exigência (nesse caso, pelo menos, especial) do direito à cultura. Pois, por um lado, o "pluralismo cultural" dos Estados democráticos e de Direito obriga a encarar a cultura como um dever que incumbe,

---

ilegal» ou da pena de morte) (LEONARDO MARTINS, «Introdução à J. do T. C. F. A.», in JÜRGEN SCHWABE / LEONARDO MARTINS (coorden.), «Cinquenta A. de J. do T. C. F. A.», cit., pp. 85 e 86).

[239] VASCO PEREIRA DA SILVA, «A Vinculação das Entidades Privadas pelos Direitos, Liberdades e Garantias», in «Revista de Direito e Estudos Sociais», ano XIX, II, n.° 2, 1987, página 272. E acrescentava-se, então, que, «assim, a vinculação das entidades privadas pelos direitos fundamentais pode assumir a forma de uma "eficácia horizontal", quando são entidades privadas poderosas as destinatárias dos direitos fundamentais, ou pode assumir a forma de uma "eficácia externa", quando sujeitos privados apenas se encontram obrigados a um dever geral de respeito dum direito fundamental constituído numa relação, relativamente à qual são terceiros [hoje, eu corrigiria apenas esta última parte, substituindo a alusão aos "terceiros" pela referência aos "sujeitos da relação jurídica multilateral"]. No primeiro caso, a vinculação obriga a um dever activo de cooperação, no segundo caso, a vinculação obriga apenas a um dever geral de respeito» (VASCO PEREIRA DA SILVA, «A Vinculação das E. P. pelos D., L. e G.», cit., in «Revista de D. e E. S.», cit.,, pp. 272 e 273).

simultaneamente, ao Estado e à sociedade, por outro lado, também a própria dimensão "infra-estrutural" assumida pela Administração do Estado Pós-social, dos nossos dias, obriga a considerar a necessidade de cooperação entre sujeitos públicos e privados para a realização dos direitos fundamentais. Conforme escreve HÄBERLE, «entender o pluralismo como suporte e promotor de cultura significa que toda uma paleta ampla de instituições como o Estado, os municípios, os meios de comunicação, as igrejas, os sindicatos, as associações, os partidos, etc.», quando desempenham actividades educativas e culturais, «repartem e comparticipam do que poderíamos chamar a "responsabilidade cultural", uma vez que tanto a liberdade como a multiplicidade cultural constituem uma tarefa conjunta do Estado e da sociedade»[240]. Daí a afirmação de que «um excesso de "cultura estadual", quer dizer, de cultura mediatizada pelo Estado», é de considerar como inconstitucional, «como também o é o excesso contrário, ou seja, demasiada cultura "privada". Por isso podemos manter a tese de que o Direito Constitucional Cultural compete tanto ao Estado como às associações e corporações privadas», «assim como ao cidadão considerado individualmente como "promotor e suporte cultural"» (HÄBERLE)[241].

Enunciados, em tese geral, os componentes dos direitos fundamentais enquanto direitos subjectivos públicos, cabe agora verificar como eles se manifestam no direito fundamental à cultura (entendido em termos globais e integrando os direitos de criação cultural, de fruição cultural, de autor, de fruição do património cultural, de participação nas políticas públicas culturais). Assim, o direito fundamental à cultura deve ser entendido como um:

– direito subjectivo de não agressão por parte das autoridades públicas – o qual assegura ao respectivo titular, nomeadamente, a defesa contra a censura à publicação de uma obra literária, contra a proibição de acesso a um espectáculo musical de certas categorias de cidadãos, contra o esbulho dos direitos de autor sobre um filme, contra a proibição de acesso a um monumento público, contra a exclusão de uma companhia de participação num procedimento de subvenção da actividade teatral;

---

[240] PETER HÄBERLE, «Teoria de la C. como C. de la C.», cit., p. 91.
[241] PETER HÄBERLE, «Teoria de la C. como C. de la C.», cit., p. 91.

– direito subjectivo a prestações por parte dos poderes públicos, correspondentes aos deveres de actuação concretos e determinados consagrados, de forma expressa ou implícita, nas normas constitucionais – o qual pode traduzir-se, nomeadamente, no "direito à intervenção das autoridades administrativas" (em geral, ou das "policiais", em especial) para garantir a realização de uma "performance" vanguardista numa galeria de arte, para possibilitar o acesso a um espectáculo artístico, para prevenir os roubos de obras de arte ou para investigar e deter os seus responsáveis, para policiar um monumento, para atribuir a subvenção devida ao(s) primeiro(s) classificado(s) no concurso público para o auxílio à realização da "primeira obra" cinematográfica[242];
– direito subjectivo a uma "prestação cultural mínima", de modo a assegurar (à semelhança do "mínimo de subsistência económica") a inexistência de situações extremas de "grau zero da cultura" (mesmo se esta regra é susceptível de gerar algumas dificuldades de aplicação que, contudo, não põem em causa a sua necessidade e razoabilidade em termos de princípio) – como seria, nomeadamente, uma situação de total ausência de bens culturais (v.g. livros, cd-roms) em estabelecimentos públicos como escolas, hospitais, prisões; ou uma qualquer inadmissível recusa total das autoridades públicas em exercer as respectivas competências em matéria de fomento e de apoio às actividades culturais;
– direito subjectivo de protecção estadual contra agressões de entidades privadas – o qual obriga os poderes públicos a garantir, nomeadamente, a prevenção e a repressão de acções de privados destinadas a "deitar livros para a fogueira", a vandalizar e a destruir salas de espectáculos, a pintar graffitis com palavras obscenas em monumentos públicos ou em prédios privados...

---

[242] O direito fundamental à cultura não confere, só por si, e em relação a todos os seus possíveis titulares, por exemplo, «nenhum direito de prestação dos artistas a um apoio individual» (JÖRN IPSEN, «Staatsrecht II – G.», cit., p. 145). Mas isso não significa, contudo, que tal direito subjectivo a prestações não exista em relação a certos particulares (v.g os vencedores do concurso público para a atribuição de uma subvenção), em determinadas situações juridicamente qualificadas, conforme se refere no texto, nem muito menos que a existência de subvenções públicas no domínio cultural não constitua uma exigência objectiva do "Estado de Cultura".

4.2 – *Dimensão objectiva do direito fundamental à cultura*

A dupla natureza dos direitos fundamentais implica a sua consideração tanto como direitos subjectivos como enquanto princípios estruturantes do ordenamento jurídico ou estruturas objectivas da sociedade. Trata-se, neste último caso, da consagração pelas normas constitucionais de tarefas públicas, de vinculações objectivas ou de princípios jurídicos de actuação, que se encontram funcionalizadas ao reconhecimento de um direito fundamental, e que funcionam como padrões de actuação e critérios de controlo dos poderes públicos.

Os direitos fundamentais, na sua dimensão objectiva, podem ser decompostos nos seguintes aspectos principais:

1 – normas de competência negativa;
2 – critérios de interpretação e de conformação de toda a ordem jurídica;
3 – princípios de natureza "prospectiva" ou "programática", a concretizar pelos poderes públicos "tanto quanto (ou na medida do) possível"

Em primeiro lugar, os direitos fundamentais assumem o «carácter de normas de competência negativa» (LEONARDO MARTINS)[243], cuja função é a de "repelir" normas ordinárias de conteúdo contrário, permitindo o respectivo afastamento da ordem jurídica. Uma tal dimensão objectiva dos direitos fundamentais é particularmente relevante no que respeita à fiscalização da constitucionalidade e, em especial, no que concerne ao «controlo abstracto de normas, onde se controla a norma objectivamente e não a partir do ensejo de um caso particular» (LEONARDO MARTINS)[244]. Pois, nestes casos, o desrespeito dos direitos fundamentais é independente da lesão da posição de vantagem dos particulares, tendo antes que ver com a realidade objectiva da violação do dever de submissão aos direitos fundamentais a que estão sujeitas todas as autoridades públicas.

---

[243] LEONARDO MARTINS, «Introdução à J. do T. C. F. A.», in JÜRGEN SCHWABE / /LEONARDO MARTINS (coorden.), «Cinquenta A. de J. do T. C. F. A.», cit., p. 81.
[244] LEONARDO MARTINS, «Introdução à J. do T. C. F. A.», in JÜRGEN SCHWABE / / LEONARDO MARTINS (coorden.), «Cinquenta A. de J. do T. C. F. A.», cit., p. 81.

Em segundo lugar, os direitos fundamentais possuem a natureza de princípios jurídicos que obrigam e enformam toda a ordem jurídica, vinculando os poderes públicos a actuar no sentido da sua concretização e funcionando como critério de interpretação e de integração de lacunas das normas jurídicas.

Esta dimensão de "eficácia horizontal" e de "carácter irradiante" dos direitos fundamentais pode apresentar diversas manifestações, nomeadamente a «obrigação estadual de interpretar e aplicar todo o direito infraconstitucional, sobretudo por intermédio das chamadas cláusulas gerais (...), de modo consoante aos direitos fundamentais» (LEONARDO MARTINS)[245]. Ou o dever de "interpretação conforme aos direitos fundamentais" ("grundrechtskonforme Auslegung") – que constitui, ele próprio, uma modalidade especial de "interpretação conforme à Constituição" – e que consiste na «necessidade de um poder público de, dentro de um universo de interpretações possíveis, escolher sempre aquela que melhor se coadunar às prescrições dos direitos fundamentais» (LEONARDO MARTINS)[246].

Em terceiro lugar, os direitos fundamentais possuem uma dimensão prospectiva ou programática, que obriga os poderes públicos a actuar de forma continuada e permanente para a sua realização. Isto porque, por um lado, os direitos fundamentais, a democracia e o Estado de Direito são realidades culturais sempre "abertas" e "em estado de construção", numa História que não pode ser condicionada por um qualquer "fim" apriorístico (v.g. filosófico, religioso, político, ideológico), a alcançar num momento dado, antes se encontra em permanente (e não programável) evolução. Por outro lado, porque a realização dos direitos fundamentais, em cada momento histórico, é o resultado da tensão entre factos, valores e normas, que obriga a uma contraposição permanente entre o "ideal" e o "possível" (ou, se se preferir, em termos psicanalíticos, entre "Eros" e "Thanatos", ou entre o "princípio do prazer" e o "princípio da realidade").

Daí que os direitos fundamentais, do ponto de vista jurídico, para além do estabelecimento de deveres e vinculações (de abstenção e de omissão), a cargo de entidades públicas e privadas, contenham sempre

---

[245] LEONARDO MARTINS, «Introdução à J. do T. C. F. A.», in JÜRGEN SCHWABE / / LEONARDO MARTINS (coorden.), «Cinquenta A. de J. do T. C. F. A.», cit., p. 83.
[246] LEONARDO MARTINS, «Introdução à J. do T. C. F. A.», in JÜRGEN SCHWABE / / LEONARDO MARTINS (coorden.), «Cinquenta A. de J. do T. C. F. A.», cit., p. 82.

uma – maior ou menor (mas sempre ineliminável) – margem de indeterminação (ou, para usar as expressões já consagrados no Direito Administrativo, uma "margem de apreciação" e de "decisão"), que necessita de ser preenchida pelos poderes públicos de acordo com as circunstâncias do tempo e do lugar. Assim, se a dimensão prospectiva ou programática, sob "reserva do possível", dos direitos fundamentais, começou a ser reconhecida e afirmada relativamente aos direitos de prestação da "segunda geração", ela não deve ser, no entanto, considerada como exclusiva deles, antes como característica genérica de todas as posições constitucionais de vantagem.

Isto porque, como se sabe, não apenas todos os direitos fundamentais são estruturalmente idênticos, como também todos eles colocam idênticos problemas de concretização, nomeadamente de confronto entre o "ideal" e a "realidade", uma vez que é sempre "desejável" mais e melhor cultura, educação, liberdade de expressão, liberdade religiosa, igualdade, trabalho, habitação, meio-ambiente, mas nem sempre isso é "possível"... O problema não é, portanto – uma vez mais –, o da existência, ou não, do carácter prospectivo ou programático de certo direito, ou de certa categoria de direitos, mas sim o da "medida" maior ou menor dessa dimensão de "elasticidade jurídica", que se pode encontrar em todos e em cada um dos direitos fundamentais.

Todas estas características objectivas se manifestam no direito fundamental à cultura, que prevalece sobre actuações públicas de conteúdo contrário, afastando-as com fundamento em inconstitucionalidade; que irradia para todos os sectores da ordem jurídica, impondo critérios de decisão e de controlo das actuações públicas, assim como determina a interpretação e a integração de lacunas; que aponta para dimensões prospectivas mais exigentes de realização do direito ainda que condicionadas à "reserva do possível".

5 – O regime jurídico do direito à cultura na Constituição portuguesa. Unidade ou diversidade?

Chegados a este ponto, falta apenas dar resposta à terceira das "questões mágicas" acerca da natureza do direito fundamental à cultura, que era a de saber quais as consequências, em termos de regime jurídico aplicável, da sua qualificação como direito subjectivo e como estrutura objectiva da comunidade. Que o mesmo é dizer, saber se a concepção unitária dos direitos fundamentais, em geral, conduz também à unidade ou antes à diversidade de regimes jurídicos aplicáveis (*mx.* "direitos, liberdades e garantias" *versus* "direitos económicos, sociais e culturais")? E, em especial, saber qual o regime jurídico-constitucional aplicável ao direito à cultura?

É minha convicção, reafirmando o que escrevi noutra altura, que as «considerações anteriores relativas à natureza dos direitos fundamentais não podiam deixar de ter consequências em termos de regime jurídico. Pois, por um lado, uma noção ampla de direitos fundamentais, comportando uma dupla dimensão, simultaneamente negativa e positiva, assim como, por outro lado, o seu enquadramento no âmbito dos direitos subjectivos públicos, possibilitam uma tentativa de compreensão global das posições substantivas de vantagem dos particulares no domínio do Direito Público»[247].

No nosso quadro constitucional, contudo, «é costume distinguir uma dualidade de regimes jurídicos respeitante aos direitos, liberdades e garantias e aos direitos económicos, sociais e culturais. Que anda acompanhada de uma certa subalternização do tratamento jurídico dos segundos, decorrente do facto de não haver «na Constituição portuguesa (como na generalidade das Constituições) um regime sistemático explícito dos direitos, económicos, sociais e culturais simétrico do regime dos direitos, liberda-

---
[247] VASCO PEREIRA DA SILVA, «Verde C. de D. – L. de D. do A.», cit., p. 99.

des e garantias, quer no plano substantivo quer nos demais planos» (JORGE MIRANDA)[248]»[249]. Refira-se, no entanto, em abono da verdade, que esta dicotomia é mais uma construção doutrinária do que uma exigência constitucional, já que o legislador constituinte, por um lado, estabeleceu regras comuns para todos os direitos fundamentais, ao lado de regras especiais para os direitos, liberdades e garantias, mas quase nada regulou acerca dos direitos económicos, sociais e culturais; por outro lado, como se verá, a Constituição consagra a extensão do regime dos direitos, liberdades e garantias a outros direitos fundamentais.

Assim, em primeiro lugar, a Constituição estabelece um regime jurídico comum a todos os direitos fundamentais, que inclui disposições sobre os princípios da universalidade (artigo 12.º CRP), da igualdade (artigo 13.º CRP), do acesso ao direito (artigo 20.º, n.º 1, CRP), da tutela jurisdicional e outras formas de protecção jurídica (artigo 20.º CRP), assim como regras sobre o direito de resistência (artigo 21.º CRP), a responsabilidade civil das entidades públicas (artigo 22.º), ou o acesso ao Provedor de Justiça (artigo 23.º CRP).

Em segundo lugar, a Constituição consagra um regime jurídico próprio dos direitos, liberdades e garantias, que compreende:

– regras de natureza material – aplicabilidade directa, vinculação de entidades públicas e privadas, reserva de lei, condicionamentos e limites às restrições legais, regulação do regime excepcional de suspensão, direito de resistência (vide os artigos 18.º e seguintes da Constituição);
– disposições de natureza orgânica – reserva de competência (absoluta e relativa) legislativa da Assembleia da República (vide os artigos 164.º e 165.º da Constituição);
– regras de revisão constitucional – limites materiais de revisão constitucional (vide o artigo 288.º, alínea d, da Constituição).

Em terceiro lugar, a doutrina e a jurisprudência têm tentado construir, a partir das normas constitucionais, um regime próprio dos direitos, económicos, sociais e culturais, o qual (à semelhança do estatuído para os direitos, liberdades e garantias) integra:

---

[248] Vide JORGE MIRANDA, «Manual de D. C. – D. F.», tomo IV, cit., pp. 215 e ss..
[249] VASCO PEREIRA DA SILVA, «Verde C. de D. – L. de D. do A.», cit., p. 99.

– regras de carácter material – nomeadamente, a ligação das posições de vantagem às tarefas estaduais, o princípio da participação dos interessados, a dependência da realidade constitucional, o princípio da proporcionalidade (na sua tripla dimensão de necessidade, adequação, balanço custos / benefícios), a proibição do retrocesso na concretização dessas posições jurídicas subjectivas;
– disposições de natureza orgânica (relativamente a alguns direitos económicos, sociais e culturais) – *v.g.* reserva de competência absoluta em matéria de bases do sistema de ensino, reserva relativa em relação a bases do sistema de segurança social, do serviço nacional de saúde, dos sistema de protecção da natureza, equilíbrio ecológico e património cultural (vide os artigos 164.º, alínea i) e 165º, n.º 1, alíneas f) e g), da Constituição);
– regras acerca da revisão constitucional – relativas aos direitos dos trabalhadores, das comissões de trabalhadores e das associações sindicais (vide o artigo 288º, alínea e, da Constituição)[250].

Esta tentativa de "arrumação" das regras de regime jurídico dos direitos fundamentais assenta numa concepção dualista acerca da respectiva natureza. Pois, «para além de um conjunto de regras comuns, distingue-se um regime de direitos, liberdades e garantias, pensado para direitos caracterizados pela sua dimensão predominantemente negativa, de um regime dos direitos económicos, sociais e culturais, concebido para direitos caracterizados pela sua dimensão predominantemente positiva, como se essas duas vertentes não se verificassem sempre em todos os direitos fundamentais e pudessem dar origem a duas categorias autónomas (tanto do ponto de vista conceptual como das normas aplicáveis)»[251].

Só que esta pretensa dicotomia de regimes jurídicos não bate certo, em minha opinião, nem com a unidade estrutural de todos os direitos fun-

---

[250] Sobre a matéria vide JORGE MIRANDA, «Manual de D. C. – D. F.», tomo IV, cit., pp. 215 e ss. («regime comum dos direitos fundamentais»), pp. 311 e ss. («regime específico dos direitos, liberdades e garantias»), pp. 383 e ss. («regime específico dos direitos económicos, sociais e culturais»). Em especial, sobre o regime dos direitos sociais vide MANUEL AFONSO VAZ, «O Enquadramento Jurídico-Constitucional dos "Direitos, Económicos, Sociais e Culturais"», in «Juris et de Jure – Nos Vinte Anos da Faculdade de Direito da Universidade Católica Portuguesa», Publicações da Universidade Católica Portuguesa, Porto, 1998, páginas 603 e seguintes.
[251] VASCO PEREIRA DA SILVA, «Verde C. de D. – L. de D. do A.», cit., p. 100.

damentais, nem com a solução constitucional de estender o regime dos direitos, liberdades e garantias aos demais direitos constitucionais, supostamente análogos (vide o artigo 17.º CRP). Dado que «uma tal separação de regimes jurídicos é dificilmente compatibilizável com a ideia, consensualmente partilhada pela doutrina e jurisprudência nacionais, de que, em nossos dias, os direitos, liberdades e garantias não correspondem mais apenas a deveres de abstenção estaduais, mas exigem também a intervenção dos poderes públicos, da mesma maneira que os direitos económicos, sociais e culturais, para além de dependerem de tarefas estaduais, também conferem um domínio constitucionalmente garantido de agressões exteriores por parte de entidades públicas»[252].

É assim que surge o expediente do recurso à analogia como forma de resolver os problemas práticos decorrentes da dificuldade (impossibilidade?) de classificação e diferenciação rigorosas dos direitos, liberdades e garantias e dos direitos económicos, sociais e culturais, mas procurando "manter as aparências" de uma pretensa dicotomia de regimes jurídicos dos direitos fundamentais, na nossa ordem jurídica. Na verdade, «a "incomodidade" decorrente do facto de se criarem regimes jurídicos distintos para realidades estruturalmente idênticas, ainda que com graus diferentes de predominância das respectivas dimensões subjectiva e objectiva, parece ter sido sentida tanto pelo legislador como pela doutrina, que a procurou superar através do recurso aos "direitos fundamentais de natureza análoga", aos quais se aplicaria o regime jurídico dos direitos, liberdades e garantias (artigo 17.º da Constituição). Tratar-se-ia, portanto, de direitos fundamentais – leia-se: direitos económicos, sociais e culturais – que eram simultaneamente distintos e análogos dos direitos, liberdades e garantias. Sem que ninguém fosse muito bem capaz de esclarecer onde é que residia a analogia, nem quais os padrões a comparar, nem sequer os critérios utilizáveis de determinação da identidade ou da diferença...»[253].

Esta «"não-categoria" dos direitos fundamentais análogos aos direitos, liberdades e garantias, surgia assim como uma espécie de "chave-mágica" para resolver o problema do esbatimento de fronteiras teórico-conceptuais entre direitos de primeira, de segunda ou de terceira geração, possibilitando a superação pragmática da rigidez da dicotomia de regimes

---

[252] Vasco Pereira da Silva, «Verde C. de D. – L. de D. do A.», cit., p. 100.
[253] Vasco Pereira da Silva, «Verde C. de D. – L. de D. do A.», cit., p. 101.

jurídicos dos direitos fundamentais. Mas se, por um lado, o recurso a um tal "expediente" dos "direitos análogos" permitia resolver os problemas práticos decorrentes da necessidade de ultrapassar a dualidade de regimes jurídicos em matéria de direitos fundamentais; por outro lado, em termos dogmáticos, a necessidade de considerar tais direitos "hamletianos", divididos entre "o ser e o não ser", punha em causa quer a relevância da distinção, quer a dualidade de regimes jurídicos, entre direitos, liberdades e garantias e direitos económicos, sociais e culturais, mostrando bem como "algo ia mal no reino da Dinamarca"...»[254].

A insustentabilidade desta construção "esquizofrénica" torna-se ainda mais evidente ao considerar o nosso direito fundamental à cultura, pois, trata-se, como já vimos, de uma posição subjectiva de vantagem que é transversal às diferentes "gerações de direitos", pois nasceu como "liberdade" em face do poder, no Estado Liberal, adquiriu uma dimensão prestadora, no Estado Social, e assumiu ainda uma vertente participativa e de "quota-parte", no Estado Pós-social. Talvez por isso que a Constituição portuguesa, incapaz de o arrumar numa só categoria, tenha decidido disseminar a sua regulação tanto no título relativo aos direitos, liberdades e garantias (*v.g.* artigo 42.º CRP), como no título relativo aos direitos económicos, sociais e culturais (*v.g.* os artigos 73.º e 78.º CRP). O que, a persistir-se na dicotomia esquizofrénica – direitos, liberdades e garantias *versus* direitos económicos, sociais e culturais – criaria uma situação insolúvel, tanto relativamente à questão da qualificação jurídica como do regime jurídico aplicável ao direito fundamental à cultura.

A solução a dar ao problema passa, desde logo, em minha opinião, pela relativização e desvalorização da dicotomia entre direitos, liberdades e garantias e direitos económicos, sociais e culturais, considerando-a de natureza mais política do que jurídica, enquanto fruto das circunstâncias históricas em que foi elaborada a Constituição de 1976 e do extremar de posições ideológicas, então em confronto, acerca dos modelos de Estado, de Constituição e de direitos fundamentais a adoptar. Mas, se isso era assim, nos primórdios, a subsequente evolução da Constituição, com a perda da "carga ideológica" das normas constitucionais – também em matéria de direitos fundamentais –, vai contribuir para o avultar da dimensão jurídica de todas as posições constitucionais de vantagem, obrigando

---

[254] VASCO PEREIRA DA SILVA, «Verde C. de D. – L. de D. do A.», cit., p. 101.

o intérprete a revalorizar as regras que estabelecem "pontes" e não as que colocam "barreiras" à aproximação das tradicionais categorias de direitos fundamentais.

A identidade de natureza jurídica de todos os direitos fundamentais, enquanto direitos subjectivos e como estruturas objectivas da sociedade, «não pode deixar de ter consequências em termos de regime jurídico». Pelo contrário, o regime jurídico de todos os direitos fundamentais «deve ter em conta tal realidade, combinando regras destinadas a garantir uma esfera individual protegida de agressões de entidades públicas (e privadas), com regras destinadas ao estabelecimento de deveres de actuação e tarefas públicas, de modo a permitir a concretização das metas fixadas pelo legislador constituinte»[255].

Assim, o denominado regime jurídico dos direitos, liberdades e garantias, que integra um conjunto de regras destinadas a impedir agressões públicas (e privadas), é de aplicar a todos os direitos fundamentais na medida da sua vertente subjectiva; da mesma maneira como o denominado regime dos direitos, económicos, sociais e culturais, que corresponde à regulação da actuação dos poderes públicos, é de aplicar a todos os direitos fundamentais na medida da sua vertente objectiva. Não há, portanto, dois regimes jurídicos distintos – um para os direitos, liberdades e garantias, outro para os direitos económicos, sociais e culturais – mas um só regime jurídico, aplicável a todos os direitos fundamentais, independentemente da respectiva qualificação jurídica. Pelo que as normas do regime jurídico dito dos direitos liberdades e garantias são de aplicar a todos os direitos fundamentais (independentemente da sua "arrumação" constitucional no título dos direitos, liberdades e garantias ou no dos direitos, económicos, sociais e culturais), em tudo aquilo que respeita à sua natureza de direito subjectivo, ao mesmo tempo que as regras de regime jurídico dito dos direitos económicos, sociais e culturais são de aplicar a todos os direitos fundamentais (insista-se, mais uma vez, para que não restem dúvidas, independentemente da sua "arrumação" constitucional como direitos, liberdades e garantias ou como direitos, económicos, sociais e culturais), em tudo aquilo que se refira à respectiva dimensão objectiva, enquanto princípios estruturantes da ordem jurídica.

---

[255] Vasco Pereira da Silva, «Verde C. de D. – L. de D. do A.», cit., pp. 101 e 102.

Mais. Tendo em conta a identidade de natureza de todos os direitos fundamentais e a unidade das respectivas regras jurídicas, é forçoso concluir que «a aplicação do regime dos direitos, liberdades e garantias aos direitos económicos, sociais e culturais não decorre, portanto, de uma qualquer "pretensa" analogia – tal como não obriga à criação da "não--categoria" dos "direitos análogos"». Pois, é precisamente a «identidade de natureza dos direitos fundamentais que justifica a regra do artigo 17.º da Constituição, que manda aplicar o regime jurídico dos direitos, liberdades e garantias também aos direitos, económicos, sociais e culturais. Ainda que seja criticável a sua formulação, trata-se de uma regra muito importante, na medida em que permite estabelecer um regime jurídico unificado para todos os direitos fundamentais»[256].

Voltando ao nosso direito à cultura, trata-se de um direito fundamental, que goza simultaneamente da natureza de direito subjectivo e de princípio estruturante do ordenamento jurídico ou de estrutura objectiva da comunidade. Pelo que lhe é de aplicar tanto o regime jurídico dito dos direitos, liberdades e garantias, na medida da sua dimensão subjectiva (enquanto direito subjectivo público), como o regime dito dos direitos económicos, sociais e culturais, na medida da sua dimensão objectiva (enquanto princípio jurídico ou estrutura objectiva da sociedade).

Fica, assim, respondida a terceira "questão mágica" acerca da natureza jurídica do direito fundamental à cultura, que se configura como um direito transversal às diversas "gerações de direitos" e que obriga à superação de qualificações dicotómicas (como a dos direitos, liberdades e garantias *versus* direitos económicos, sociais e culturais). Sendo esta "rebeldia" do direito fundamental à cultura, em termos de qualificação jurídica, provavelmente também mais uma "característica genética" do seu objecto, que é a Cultura – a qual, como se tem dito, também não pode ser definida em termos "fechados", por "impossibilidade cultural" e por "dever-ser" jurídico.

---

[256] Vasco Pereira da Silva, «Verde C. de D. – L. de D. do A.», cit., pp. 101 e 102.

6 – Do direito à cultura para o Direito da Cultura (remissão)

6.1 – *Direito Privado e Direito Público da Cultura*

A terminar este estudo, apenas uma brevíssima nota de enquadramento do Direito da Cultura. A Constituição regula as questões culturais, tanto do ponto de vista subjectivo, como direito fundamental, como do ponto objectivo, enquanto Estado de Cultura. O Direito da Cultura encontra-se, portanto, ancorado numa sólida base constitucional, mas não se esgota nela, pois são múltiplas as fontes de direito nesta matéria, da mesma maneira como são numerosíssimas as relações jurídicas no domínio cultural, tanto de natureza pública como privada.

Desde logo, no âmbito do direito privado, pois, «uma vez que se trata de uma actividade do homem, de uma produção deste, a cultura suscita relações jurídicas, que se traduzem em direitos e obrigações» (PONTIER / / RICCI / BOURDON)[257]. Particular destaque merece, neste domínio, a temática dos «direitos do autor relativamente às suas obras, quer se trate do próprio direito moral ("du droit moral"), quer dos benefícios que deles se podem retirar» (PONTIER / RICCI / BOURDON)[258].

Esta matéria dos direitos de autor encontra-se, neste momento, em fase de grande "ebulição" dogmática:

- em virtude dos novos desafios colocados pela "revolução tecnológica do digital" (v.g. os problemas: de colisão dos direitos de autor com a "liberdade do ciber-espaço", da utilização dos "conteúdos em rede" para uso privado ou para fins lucrativos, dos "downloads" de música e de imagem);

---

[257] JEAN-MARIE PONTIER / JEAN-CLAUDE RICCI / JACQUES BOURDON, «Droit de la Culture», 2.ª edição, Dalloz, Paris, 1996, página 40.
[258] JEAN-MARIE PONTIER / JEAN-CLAUDE RICCI / JACQUES BOURDON, «Droit de la C.», cit., p. 40.

- em razão das mudanças radicais ao nível da regulação normativa, num universo jurídico, hoje em dia, muito marcado pela lógica da protecção "multinivelada" ou "polinivelada", em que se torna necessário aplicar e compatibilizar múltiplas fontes de direito, de natureza internacional, europeia e nacional (vide os actuais problemas decorrentes do novo regime jurídico europeu, constante da Directiva n.º 1/ 29, intitulada "Linhas Orientadoras sobre a Harmonização de Determinados Aspectos dos Direitos de Autor e dos Direitos de Protecção Conexos na Sociedade de Informação", de 22 de Maio, entrada em vigor a 22 de Junho de 2001)[259].

Mas, o facto de se tratar do domínio do Direito Privado da Cultura não significa, no entanto, que estas matérias deixem de estar também dependentes dos direitos fundamentais. E isto, a vários títulos, designadamente:

- de uma forma directa, em virtude da consagração autónoma dos direitos fundamentais de autor (artigo 42.º, n.º 2, CRP), enquanto posição subjectiva integrante da noção-quadro de direito à cultura. O que significa que o direito fundamental à cultura pode ser simultaneamente condição e objecto de relações jurídico-privadas construídas em torno dele;
- em consequência do dever estadual de protecção contra agressões provenientes de entidades privadas, que obriga os poderes públicos a criar mecanismos preventivos e repressivos dos litígios entre privados;

---

[259] Vide OLIVEIRA ASCENSÃO, «A Transposição da Directriz n.º 01/29 – Sobre Aspectos do Direito de Autor e Direitos Conexos na Sociedade da Informação», in «Revista da Faculdade de Direito da Universidade de Lisboa», vol. XLIII, n.º 2, 2002, páginas 915 e seguintes; FERDINAND MELICHAR, «Die Umsetzung der EU-Urheberrechtsrichtlinie in deutsches Recht», in JÜRGEN SCHWARZE (coorden.) «Regulierung im Bereich von Medien und Kultur – Gestaltungsmöglichkeiten und rechtliche Grenzen», Nomos, Baden-Baden, 2002, páginas 43 e seguintes; GÖTZ DRAUZ, «Aktuelle Probleme bei der Anwendung des europäischen Wettbewerbsrecht», in JÜRGEN SCHWARZE (coorden.) «Regulierung im B. von M. und K. – G. und r. G.», cit., pp. 103 e ss.; JÜRGEN SCHWARZE, «Der Schutz des geistigen Eigentums im europäischen Wettbewerbsrecht – Anmerkung zur jüngsten Entscheidungspraxis», in JÜRGEN SCHWARZE (coorden.) «Regulierung im B. von M. und K. – G. und r. G.», cit., pp. 81 e ss.; MARTIN VOGEL, «Die Reform des Urhebervertragsrecht», in JÜRGEN SCHWARZE (coorden.) «Regulierung im B. von M. und K. – G. und r. G.», cit., pp. 29 e ss..

- por causa da dimensão objectiva dos direitos fundamentais, nomeadamente, da sua "eficácia irradiante", que fornece padrões de comportamento e de controlo das actuações do legislador neste domínio, assim como fornece critérios de interpretação e de integração das lacunas da lei em matéria de cultura;
- em razão da regra da vinculação das entidades privadas pelo direito fundamental à cultura, a qual, à semelhança do "toque de Midas", vai introduzir uma componente publicística em relações (até então) puramente privadas. Pois, conforme escreve JÜRGEN SCHWARZE, «os direitos de autor são protegidos não apenas no interesse dos privados mas também no interesse público. Até porque os direitos de propriedade intelectual desempenham um papel essencial no fomento da inovação e da concorrência»[260].

Além disso, o chamamento dos poderes públicos à realização de novas funções no domínio da vida económica, social e cultural, trazido pelo Estado Social, levou ao surgimento de políticas públicas de cultura, as quais, hoje em dia, tanto conservam a lógica prestadora originária (sendo directamente realizadas pela Administração pública), como adoptam uma perspectiva infra-estrutural, em que o Estado cria condições para o exercício da função administrativa com a cooperação de entidades públicas e privadas, como é típico do actual modelo de Estado Pós-social. Está-se, pois, no domínio do Direito Público da Cultura, de importância crescente em nossos dias, o qual não é sequer apenas Direito Administrativo da Cultura, mas também Fiscal, Sancionatório, Penal, Processual...

Assim, a convergência das «exigências dos cidadãos em matéria de cultura» com «o sentimento dos dirigentes acerca da necessidade de prestação aos cidadãos de serviços neste domínio», e o consequente surgimento e desenvolvimento de políticas públicas de cultura, «estão na origem de um novo direito» (PONTIER / RICCI / BOURDON)[261]. Direito da Cultura que é, pois, uma disciplina jurídica transversal a todos os ramos da ordem jurídica, "baralhando" e "tornando a dar" as tradicionais fronteiras entre Direito Público e Direito Privado.

---

[260] JÜRGEN SCHWARZE, «Der Schutz des g. E. im e. W – A. zur j. E.», cit., in JÜRGEN SCHWARZE (coorden.) «Regulierung im B. von M. und K. – G. und r. G.», cit., p. 101.
[261] JEAN-MARIE PONTIER / JEAN-CLAUDE RICCI / JACQUES BOURDON, «Droit de la C.», cit., p. 40.

6.2 – *Direito fundamental e relações jurídicas de cultura. Brevíssima referência às relações jurídicas multilaterais públicas de cultura (v.g. de criação literária e artística, das artes e dos espectáculos, de património cultural)*

O direito fundamental à cultura, conforme se viu, é um direito subjectivo que pode ser feito valer perante qualquer entidade pública (ou privada), ao mesmo tempo que constitui também o fundamento para a criação de relações jurídicas (nomeadamente administrativas) de cultura, decorrentes do reconhecimento ao particular do estatuto de sujeito de direito nas relações culturais. Ora, este alargamento dos direitos subjectivos públicos com base nos direitos fundamentais «implicou (...) a reformulação do conceito de relação jurídica, obrigando a considerar como sujeitos das ligações administrativas outros privados que não apenas aqueles a quem são aplicáveis normas ordinárias de cariz indiscutivelmente subjectivo, ou que são os imediatos destinatários de actos administrativos. Esses particulares, titulares de direitos subjectivos públicos, já não podem mais ser considerados "terceiros" em face da Administração, ou perante aqueloutros privados imediatamente destinatários da sua actuação, antes como autónomos sujeitos de uma relação multilateral, que tem de incluir direitos e deveres recíprocos dos particulares (de cada um deles relativamente ao outro, ou outros, e de cada um deles em face da autoridade administrativa) e da Administração (relativamente a cada um dos particulares)»[262].

Deste modo, a consideração do direito fundamental à cultura na sua dupla vertente (subjectiva e objectiva), assim como a adopção de uma noção ampla de direito subjectivo público, fornecem uma "chave de leitura" para a compreensão das relações jurídicas multilaterais públicas de cultura, nomeadamente, nos domínios da criação literária e artística, das artes e dos espectáculos, do património cultural.

Mas isso, já é "outra história"…

---

[262] Vasco Pereira da Silva, «Em Busca do A. A. P...., cit., p. 273.

II

Sumários Desenvolvidos,

Trabalhos Práticos

e Bibliografia

SUMÁRIOS DESENVOLVIDOS

1 – A cultura do Direito. A Constituição como realidade cultural

- A ligação entre o Direito e a Cultura como "relação amorosa" (MICHEL PRIEUR), de que resultam vantagens e benefícios recíprocos para cada um dos "pares".
- Multiplicidade e diversidade das noções de cultura. A "impossibilidade cultural" de encontrar uma "definição única" de cultura e as vantagens práticas da substituição daquela por uma tentativa de delimitação "aberta" do respectivo âmbito de aplicação
- A delimitação de três acepções possíveis (e "abertas") de cultura (de âmbito progressivamente mais amplo), que coexistem no espaço e no tempo:
    - *a*) a cultura como realidade intelectual e artística ("belas artes" e "belas letras") do passado, do presente e do futuro;
    - *b*) a cultura como esfera de relacionamento das artes, das ciências e do ensino ou da formação;
    - *c*) a cultura como realidade complexa (conjugando, nomeadamente, elementos de ordem histórica, filosófica, antropológica, sociológica, psicológica), aglutinadas de acordo com três vectores orientadores: «tradição, inovação e pluralismo» (HÄBERLE)
- A "Teoria da Constituição como Ciência da Cultura" (HÄBERLE). Caracterização da democracia, do Estado de Direito e da Constituição como realidades culturais da actualidade. Constituição formal e Constituição material
- As tendências jurídicas "pós-modernas" e as abordagens culturais do "Direito como literatura" ("Law as literature"), "como música"

("Law as music") ou como "arte dramática" ("Law as performative art") (v.g. Boyd White, Sanford Levinson, J. J. Balkin, Douzinas, Ian Ward, Gary Minda)
– As transformações tecnológicas e culturais dos nossos dias e suas consequências no "constitucionalismo pós-moderno" (J. J. Balkin)
– A complementaridade das dimensões "cultural" e "hermenêutica" do Direito Constitucional. A importância do "Direito Constitucional da Cultura"

2 – O direito à cultura no tempo e no espaço

2.1 – *O direito à cultura "na história". As diferentes "gerações" do direito à cultura*

– A "história apaixonada" (Baümlin) do direito à cultura
– As denominadas "gerações" de direitos fundamentais como manifestação da respectiva historicidade. O Estado Liberal e os direitos fundamentais da "primeira geração" (v.g. liberdade de expressão, liberdade religiosa, direito à propriedade privada, direito de voto); o Estado Social e os direitos fundamentais da "segunda geração" (v.g. o direito ao trabalho, à segurança social, à educação, à saúde), o Estado Pós-Social e os direitos fundamentais da "terceira geração" (v.g. o direito ao ambiente, de auto-determinação informativa, de preservação do património genético, os direitos de natureza procedimental e processual)
– A evolução histórica do conceito de direitos fundamentais e a necessidade de reconstrução da sua noção jurídica
– As sucessivas "gerações" do direito à cultura: como liberdade, como direito necessitado de concretização estadual, como direito de participação (com consequências procedimentais e processuais)

2.2 – O problema dos distintos "níveis" de protecção dos direitos fundamentais (internacional, europeu e estadual). Opção pela perspectiva constitucional de tratamento do direito à cultura

- Os distintos níveis de protecção (internacional, europeu, estadual, regional) do direito fundamental à cultura
- As várias dimensões de protecção dos direitos fundamentais e a questão do "constitucionalismo multinivelado". A dimensão europeia – ou também global – do constitucionalismo moderno?
- Constituições (estaduais) e direito à cultura. Adopção de uma perspectiva constitucional de tratamento do tema em apreço

3 – A Constituição Portuguesa da Cultura

- A relevância autónoma da cultura na Constituição Portuguesa
- A dupla dimensão da Constituição Portuguesa da Cultura: o "Estado de Cultura" e os direitos fundamentais em matéria cultural

3.1 – Direito à Cultura e "Estado de Cultura"

- O "Estado de Cultura" como princípio fundamental da Constituição Portuguesa
- As múltiplas manifestações do princípio do "Estado de Cultura", nomeadamente: no âmbito dos "Princípios Fundamentais" (v.g. artigos 9.º, alíneas a, d, e, assim como o 11.º), dos "Direitos e Deveres Fundamentais" (v.g. artigos 42.º, 73.º n.ᵒˢ 1 e 3, 78.º), da "Organização Económica" (v.g. artigos 90.º, 101.º, 103.º, 105.º), da "Organização do Poder Político" (v.g. artigos 164.º, alíneas, 165.º, alíneas b, g, 225.º, n.º 1, 228.º, alíneas b, l, 232.º, n.º 1, 235.º n.º 1), da "Garantia e Revisão da Constituição" (v.g. artigo 288.º, alínea d).

3.2 – *O direito fundamental à cultura*

3.2.1 – *A multiplicidade de "faces" do direito à cultura na Constituição Portuguesa (artigos 42.º, 73.º, n.º 1 e 3, 78.º). Direito ou Direitos Fundamentais? Constituição e* status culturalis

- Aproximação à noção jurídica de direito fundamental. A identidade de natureza de todos os direitos fundamentais e seu duplo fundamento: axiológico (dignidade da pessoa humana) e estrutural (pois apresentam uma estrutura comum – independentemente de pertencerem à "primeira", à "segunda" ou à "terceira geração" –, que combina uma vertente negativa, correspondente a uma esfera protegida de agressões estaduais, com uma vertente positiva, que obriga à intervenção dos poderes públicos de modo a permitir a realização plena e efectiva de tais posições de vantagem)
- As múltiplas "faces" do direito à cultura na Constituição portuguesa, que se encontra consagrado tanto ao nível dos "direitos, liberdades e garantias" (artigo 42.º, n.ºs 1 e 2) como ao dos "direitos e deveres económicos, sociais e culturais" (artigos 73.º, n.ºs 1 e 3, 78.º). E que se desdobra ainda em normas que estabelecem direitos dos particulares; tarefas, deveres e princípios jurídicos de actuação dos poderes públicos; e mesmo deveres dos particulares
- A "radiografia" das normas referentes ao direito à cultura permite observar a existência de:
    - *a)* cinco "tipos" de direitos subjectivos fundamentais, sendo três de carácter geral (a liberdade / direito de criação cultural, o direito de fruição cultural, o direito de participação – ou de "quota-parte" – nas políticas públicas de cultura) e dois de carácter especial (os direitos de autor – de natureza especial em relação ao direito de criação cultural – e o direito de fruição do património cultural – especial relativamente à fruição cultural);
    - *b)* um dever fundamental dos particulares (em matéria de defesa e valorização do património cultural);
    - *c)* grande número de tarefas, deveres ou princípios jurídicos de actuação dos poderes públicos, que se encontram "funcionalizadas" à realização imediata das posições jurídicas subjectivas

fundamentais (assim se distinguindo das demais tarefas estaduais integrantes do "Estado de cultura")
- O direitos fundamentais como realidades complexas, que conjugam dimensões negativas e positivas, subjectivas e objectivas, sendo integradas, nomeadamente, por feixes de direitos, faculdades, poderes, deveres de entidades públicas ou a cargo de privados, princípios jurídicos de actuação
- O direito à cultura como "conceito-quadro" (BAUER), ou como *status* (JELLINEK), susceptível de ser decomposto em distintas posições jurídicas de vantagem ou de desvantagem, de dimensão mais acentuadamente positiva ou negativa
- A "recomposição dogmática" do direito fundamental à cultura, a partir da multiplicidade de "faces" por este assumida na Constituição portuguesa. O *status culturalis* (HAEBERLE) e suas diferentes modalidades

3.2.2 – *Configuração jurídica do direito fundamental à cultura: sujeitos, conteúdo, limites e restrições, relações com outros direitos fundamentais*

- Os titulares do direito fundamental à cultura. A necessidade de distinguir os sujeitos activos do direito à criação cultural ("artistas", "intelectuais", "criadores", "mediadores culturais") dos do direito de fruição cultural ("todas as pessoas"). Adopção de uma noção "aberta" de sujeitos activos (vide a jurisprudência constitucional alemã no Ac. "Mephisto"). Os indivíduos e as pessoas colectivas como titulares do direito à cultura
- O âmbito de aplicação e o conteúdo do direito à cultura. A "impossibilidade cultural" de adoptar uma noção "fechada" e a necessidade de uma delimitação "aberta" de cultura – vide a jurisprudência e a doutrina constitucional alemã e a passagem do critério da "obra artística" ("Werkbereich") para o do "efeito" ou "da aparência" de obra ("Wirkbereich")
- A ausência de cláusulas expressas de limites e restrições do direito à cultura e o carácter excepcional da sua admissibilidade (em razão do respeito por outros direitos fundamentais ou de bens jurídicos constitucionalmente protegidos)

– Relações de colaboração e relações de conflito entre o direito à cultura e outros direitos fundamentais. O princípio da concordância prática. Análise de alguns casos emblemáticos de colisão (os Acórdãos "Mephisto", "Sprayer" ou dos "graffitis", da jurisprudência constitucional alemã)

4 – O problema da natureza jurídica dos direitos fundamentais na Constituição Portuguesa. A dupla dimensão do direito fundamental à cultura como direito subjectivo e como estrutura objectiva da sociedade

– A "dupla natureza" dos direitos fundamentais como direitos subjectivos e como estruturas objectivas da sociedade
– "Revisitação" da "tese" – por mim antes enunciada, a propósito do direito fundamental ao ambiente (vide «Verde Cor de Direito. Lições de Direito do Ambiente», cit., páginas 84 e seguintes) – da natureza jurídica unitária de todos os direitos fundamentais (independentemente da sua consideração como "direitos, liberdades e garantias" ou como "direitos económicos, sociais e culturais"). Os direitos fundamentais enquanto direitos subjectivos, em especial, na medida da respectiva dimensão negativa, de protecção contra agressões ilegais, e como estruturas objectivas da comunidade, enquanto conjunto de valores e princípios conformadores de toda a ordem jurídica, que estabelecem deveres de actuação e tarefas de concretização a cargo dos poderes públicos. Utilização da referida "tese" como "ponto de partida" para uma melhor explicitação das dimensões objectiva e subjectiva do direito à cultura
– O problema da natureza jurídica do direito fundamental à cultura. A recolocação (agora, a propósito do direito à cultura) das três questões principais (antes enunciadas a propósito do direito do ambiente) para a determinação da respectiva natureza jurídica: Saber se o direito à cultura é mesmo um direito fundamental ou uma tarefa estadual "disfarçada"? Saber se o direito à cultura deve ou não ser considerado como um direito subjectivo? Saber quais as consequências em termos de regime decorrentes da natureza jurídica do direito ao ambiente?

4.1 – *Dimensão subjectiva: o direito subjectivo fundamental à cultura*

– A teoria dos direitos subjectivos públicos. Os três momentos principais da evolução da doutrina da "norma de protecção": a fase do surgimento com BÜHLER; a fase da reformulação com BACHOF; a fase do alargamento, a partir da (re)aproximação dogmática entre direitos fundamentais e direitos subjectivos das relações jurídicas administrativas. A necessidade de retirar todas as consequências dogmáticas recíprocas da referida aproximação entre o Direito Constitucional e o Direito Administrativo, no quadro de uma concepção unitária dos direitos subjectivos públicos
– Os elementos componentes da dimensão subjectiva dos direitos fundamentais: direito de não agressão, ou liberdade contra agressões públicas; direito a actuações dos poderes públicos, cujo conteúdo é correlativo dos deveres de actuação concretos e determinados a que aqueles se encontrem obrigados pelas normas constitucionais; direito (pelo menos) a um "mínimo" de intervenção estadual (sempre que as normas constitucionais se limitem a estabelecer deveres genéricos, tarefas, ou princípios jurídicos de actuação a cargo dos poderes públicos); direito a protecção estadual contra agressões aos direitos fundamentais provenientes de entidades privadas
– A comprovação da existência dos elementos componentes, antes referidos, no conteúdo do direito fundamental à cultura. O direito fundamental à cultura como direito subjectivo público

4.2 – *Dimensão objectiva do direito fundamental à cultura*

– O significado dos direitos fundamentais como estruturas objectivas da sociedade
– Os elementos componentes da dimensão objectiva dos direitos fundamentais: o "carácter de normas de competência negativa" (SCHWABE / MARTINS), que se manifesta na fiscalização da constitucionalidade das leis; a qualidade de critério de interpretação e de conformação de todas as normas jurídicas; a dimensão "prospectiva" ou "programática" a concretizar pelos poderes públicos "tanto quanto (ou na medida do) possível"

- A comprovação da verificação dos elementos componentes, antes referidos, no conteúdo do direito fundamental à cultura. O direito fundamental à cultura como estrutura objectiva da sociedade

5 – O regime jurídico do direito à cultura na Constituição portuguesa. Unidade ou diversidade?

- A Constituição portuguesa e o regime jurídico dos direitos fundamentais. Unidade ou diversidade de regime jurídico dos denominados "direitos, liberdades e garantias" e dos denominados "direitos económicos, sociais e culturais"?
- A pretensa dualidade de regimes jurídicos dos direitos fundamentais na nossa ordem jurídica ("direitos, liberdades e garantias" vs. "direitos económicos, sociais e culturais") e a "falsa questão" da analogia como expediente prático destinado a resolver as "aporias" classificatórias e a alargar o âmbito de aplicação do regime dos direitos, liberdades e garantias
- O direito à cultura como direito fundamental, gozando simultaneamente da natureza de direito subjectivo e de estrutura objectiva da comunidade, ao qual é de aplicar o regime jurídico dos direitos, liberdades e garantias, na medida da sua dimensão subjectiva (enquanto direito subjectivo público), e o regime dos direitos económicos, sociais e culturais, na medida da sua dimensão objectiva (enquanto estrutura objectiva da sociedade)

6 – Do direito à cultura para o Direito da Cultura (remissão)

6.1 – *Direito Privado e Direito Público da Cultura*

- Da Constituição para as demais fontes de direito. Regulação jurídica pública e privada da cultura
- O Direito Privado da Cultura. Os direitos de autor e as relações privadas que nesse domínio se estabelecem. A confluência dos níveis internacional, europeu, estadual (constitucional e legislativo), nas modernas transformações por que passa esse ramo de Direito Privado

6.2 – *Direito fundamental e relações jurídicas de cultura. Brevíssima referência às relações jurídicas multilaterais públicas de cultura (v.g. de criação literária e artística, das artes e dos espectáculos, de património cultural)*

– O direito fundamental à cultura como fundamento para as relações jurídicas multilaterais públicas de cultura, nomeadamente, nos domínios da criação literária e artística, das artes e dos espectá-culos e do património cultural. Remissão

TRABALHOS PRÁTICOS DE DIREITO DA CULTURA
(SUGESTÕES DE TEMAS)

Os estudantes são convidados a realizar trabalhos sobre temas de Direito da Cultura[1], enquanto elemento essencial do respectivo procedimento de aprendizagem, assim como para avaliação na disciplina[2]. Os trabalhos podem ser realizados individualmente ou em grupo (máximo de 2 pessoas), destinando-se a ser apresentados e discutidos (em aulas práticas), sendo depois entregues na sua versão definitiva (escrita). Estes trabalhos podem ser de um dos três tipos seguintes:

A) Concepção e manutenção de um "sítio" na internet sobre Direito da Cultura, contendo nomeadamente: programa da disciplina, elementos de estudo, recolha de legislação e de jurisprudência, textos doutrinários, trabalhos de estudantes[3].

---

[1] No ano lectivo de 2006/2007, leccionei Direito da Cultura como objecto da disciplina de "Direito Constitucional III", na Faculdade de Direito da Universidade de Lisboa (tendo como colaborador o Dr. Pedro Delgado Alves), e como disciplina autónoma (denominada "Direito da Cultura"), na Faculdade de Direito da Universidade Católica Portuguesa (Escola de Lisboa).

[2] Sobre a questão da metodologia do ensino e da avaliação nas disciplinas jurídicas (assim como para justificação dos métodos por mim utilizados), vide VASCO PEREIRA DA SILVA, «Ensinar Direito (a Direito) – Contencioso Administrativo», Almedina, Coimbra, 1999; «Bringing the World Together – What Methods of Law Teaching would be appropriate?», in HILMAR FENGE / ANNA GRAMMATIKAKI-ALEXIOU (coorden.), «ELPIS for Europe – The European and Comparative Dimension of on Law Teaching in Europe», Nomos, Baden-Baden, 2006; «Ensinar Verde a Direito. Estudo de Metodologia do Ensino do Direito do Ambiente (em "Ambiente de Bolonha"), Almedina, Coimbra, 2006.

[3] No ano lectivo de 2006/2007, os estudantes de Direito da Cultura elaboraram os seguintes "sítios":

B) Recolha de legislação (internacional, europeia e nacional) e de jurisprudência relativa às relações jurídicas de cultura, designadamente, nos domínios da criação artística, literária e dos direitos de autor, das artes e dos espectáculos, do cinema e do audiovisual, do património cultural, ou das leis orgânicas e dos estatutos das entidades culturais.

C) Elaboração de trabalhos monográficos acerca de temas e problemas de Direito da cultura, nomeadamente sobre:

1 – Qual a natureza da cultura? Elitista, popular ou de massas?
2 – O problema do nível jurídico mais adequado para a regulação da cultura: global, europeu, nacional ou local?
3 – O papel do Estado e do mercado no domínio da cultura.
4 – Modalidades de financiamento público da cultura.
5 – Financiamento privado da cultura. O mecenato cultural
6 – O papel das fundações privadas no domínio da cultura (v.g. Gulbenkian, Serralves, Culturgest, Berardo).
7 – Cultura e novas tecnologias.
8 – Direitos de autor ou "liberdade" do ciber-espaço? O problema dos "downloads" de música e de imagem.
9 – A "guerra dos formatos" na televisão de alta definição e os problemas de defesa do consumidor.
10 – Os concursos públicos no domínio cultural. Poderes vinculados e discricionários.
11 – Museus de entrada paga ou gratuita?
12 – O acordo entre o Governo português e a Fundação Berardo para a criação de um Museu de Arte Contemporânea. Vantagens e inconvenientes. Comparação com modelos estrangeiros (v.g. Museu Thyssen-Bornemisza, Helga de Alvear).
13 – Liberdade de criação artística e protecção de direitos fundamentais de terceiros – nomeadamente, direito à honra, bom

---

– http://direito-da-cultura.pt.vu (na Faculdade de Direito da Universidade Católica Portuguesa)

– http://culturalex.com.sapo.pt (na Faculdade de Direito da Universidade de Lisboa)

nome, liberdade religiosa (v.g. o caso das "caricaturas de Maomé, do "Código da Vinci", da encenação da ópera Idomeneo) ou convicções políticas, morais (v.g. pornografia).

14 – O Direito Europeu dos Media e da Cultura.
15 – Cinema *versus* audiovisual?
16 – Estatuto jurídico das actividades televisivas. Serviço público *versus* livre iniciativa económica?
17 – Modelos de televisão (e respectivos problemas jurídicos): cultural ou meramente lúdico; nacional ou local; generalista ou especializado; gratuito, pago por taxas ou "pay per view"?
18 – A concorrência entre televisão e internet (v.g. "sites" audiovisuais como: "YouTube", "My Space") e suas consequências jurídicas
19 – Os problemas de protecção dos direitos fundamentais (v.g. intimidade da vida privada, livre desenvolvimento da personalidade, liberdade informativa) perante as emissões de televisão.
20 – As emissões radiofónicas. A distribuição de frequências nacionais, regionais e locais e a questão da criação de "cadeias nacionais de rádios locais" (ou outras formas de associação).
21 – A fiscalidade da cultura.
22 – As taxas de IVA incidentes sobre os bens culturais. O problema dos CD's e dos DVD's musicais.
23 – Os programas de incentivo ao livro e à leitura.
24 – As políticas públicas de defesa e promoção da língua portuguesa em Portugal e no estrangeiro.
25 – As profissões culturais e respectivo estatuto jurídico.
26 – As profissões artísticas de acentuado desgaste físico (v.g. bailado) e respectivos problemas de estatuto laboral, fiscal e de segurança social.
27 – Estética e urbanismo.
28 – Os "graffitis": manifestação artística ou atentado ao património?
29 – O património cultural.
30 – A protecção do património cultural contra actividades ilícitas (v.g. roubo, contrabando, falsificação).
31 – O património cultural da Igreja Católica em Portugal

BIBLIOGRAFIA

KATIA FRANKO AAS
— «Sentencing in the Age of Information: from Faust to Macintosh», Glosshouse Press, London / Sidney / Portland, Oregon, 2005.

J. J. NUNES ABRANTES
— «A Vinculação das Entidades Privadas aos Direitos Fundamentais». A.A.F.D.L., Lisboa, 1990.

NORBERT ACHTERBERG,
— «Rechtsverhältnisse als Strukturelemente der Rechtsordnung – Prolegomena zu einer Rechtsverhältnistheorie», in «Rechtstheorie», n.º 9, 1978, páginas 385 e seguintes.
— «Die Rechtsverhältnistheoretische Deutung absoluter Rechte», in JUST / WOLLENSSCHLAEGER / EGGERS / HABLITZEL, «Recht und Rechtsbesinnung – Gedächtnisschrift für Günther Küchenhoff (1907/ 1983)», Dunker & Humblot, Berlin, 1987, páginas 13 e seguintes.

THEODOR ADORNO
— «Teoria Estética» (tradução), Edições 70, Lisboa, 2006.

MICHELE AINIS / MARIO FIORILLO
— «I Beni Culturali», in SABINO CASSESE (coorden.), «Trattato di Diritto Amministrativo – Diritto Amministrativo Speciale», tomo II, Giuffrè, Milano, 2000, páginas 1053 e seguintes.

RUY DE ALBUQUERQUE
— «Para uma Revisão da Ciência Jurídica Medieval: a Integração da *autorictas* poética no discurso dos juristas (*ars inveniendis*), in «Revista da Faculdade de Direito da Universidade de Lisboa», vol. XLIII, n.º 2, 2002, páginas 935 e seguintes.

José de Melo Alexandrino
— «A Estruturação do Sistema de Direitos, Liberdades e Garantias na Constituição Portuguesa», volumes I e II, Almedina, Coimbra, 2006.
— «Direitos Fundamentais – Introdução Geral», Principia, Estoril, 2007.

Robert Aléxy
— «Teoria de los Derechos Fundamentales», versão espanhola, Centro de Estudios Constitucionales», Madrid, 1997.
— «Teoria da Argumentação Jurídica» (tradução), Landy, São Paulo, 2001.

Umberto Allegretti
— «Amministrazione Pubblica e Costituzione», CEDAM, Padova, 1996.

José Luís Álvarez Álvarez
— «Estudios Jurídicos sobre el Patrimonio Cultural de España», Marcial Pons, Madrid / Barcelona, 2004.

Enrique Álvarez Conde
— «Curso de Derecho Constitucional», volume I, 5.ª edição, Tecnos, Madrid, 2005.

Diogo Freitas do Amaral
— «Direitos Fundamentais dos Administrados», in Jorge Miranda (org.) «Nos Dez Anos da Constituição», Imprensa Nacional Casa da Moeda, Lisboa, 1987, páginas 9 e seguintes.
— «Curso de Direito Administrativo», volume I, 2.ª edição, Almedina, Coimbra, 1994.
— «Curso de Direito Administrativo», volume II, 2.ª edição, Almedina, Coimbra, 2001.
— «Manual de Introdução ao Direito», volume I, Almedina, Coimbra, 2004.
— «Estudos de Direito Público e Matérias Afins», volumes I e II, Almedina, Coimbra, 2004.

Maria Lúcia Amaral
— «A Forma da República. Uma Introdução ao Estudo do Direito Constitucional», Coimbra Editora, Coimbra, 2005.

José Carlos Vieira de Andrade
— «O Dever da Fundamentação Expressa dos Actos Administrativos», Almedina, Coimbra, 1991.

— «Os Direitos Fundamentais na Constituição Portuguesa de 1976», 3.ª edição (reimp. da edição de 2004), Almedina, Coimbra, 2006.

AIDA GIULIA ARABIA
— «Lo Spettacolo», in SABINO CASSESE (coorden.), «Trattato di Diritto Amministrativo – Diritto Amministrativo Speciale», tomo II, Giuffrè, Milano, 2000, páginas 1167 e seguintes.

OLIVEIRA ASCENSÃO
— «Direitos de Autor e Direitos Fundamentais», in «Perspectivas Constitucionais – Nos 20 Anos da Constituição de 1976», volume II, Coimbra Editora, Coimbra, 1997, páginas 181 e seguintes.

— «O Direito de Autor no Ciber-Espaço», in «Portugal-Brasil Ano 2000 – Tema Direito», Boletim da Faculdade de Direito da Universidade de Coimbra, Coimbra Editora, Coimbra, 1999, páginas 83 e seguintes.

— «Direito Civil – Teoria Geral», volumes I (2.ª edição, 2000), II (1999) e III (2002), Coimbra Editora, Coimbra.

— «A Transposição da Directriz n.º 01/29 – Sobre Aspectos do Direito de Autor e Direitos Conexos na Sociedade da Informação», in «Revista da Faculdade de Direito da Universidade de Lisboa», vol. XLIII, n.º 2, 2002, páginas 915 e seguintes.

— «O Direito – Introdução e Teoria Geral. Uma Perspectiva Luso-Brasileira», 13.ª edição, Almedina, Coimbra, 2005.

OTTO BACHOF
— «Reflexwirkungen und Subjektive Rechte im öffentlichen Recht», in «Gedächtnisschrift für Walter Jellinek – Forschungen und Berichte aus dem öffentlichen Recht», 2.ª edição, Gunther & Olzog, München, 1955, páginas 287 e seguintes.

— «Über Einige Entwicklungstendenzen im Gegenwärtigen Deutschen Verwaltungsrecht», in «Staatsbürger und Staatsgewalt», volume II, C.F. Müller, Karlsruhe, 1963, páginas 3 e seguintes.

— «Die Dogmatik des Verwaltungsrechts vor den Gegenwartsaufgaben der Verwaltung», in «Veröffentlichungen der Vereinigung der Deutschen Staatsrechtslehrer», n.º 30, Walter de Gruyter, Berlin, 1972, páginas 193 e seguintes.

J. M. BALKIN
— «What is a Postmodern Constitutionalism?», in «Michigan Law Review», 1992, páginas 1 e seguintes.
— «Cultural Software: A Theory of Ideology», Yale University Press, Yale, 1998.

J. M. BALKIN / SANFORD LEVINSON
— Law and Performance», in http://www.yale.edu/lawweb/jbalkin/articles/london21.htm, 1998, páginas 1 e seguintes.
— «Interpreting Law and Music: Performance Notes on "The Banjo Serenader" and "The Lying Crowd of Jews"», in «Cardozo Law Review», n.º 20, 1999, páginas 1513 e seguintes.

EDUARDO CORREIA BAPTISTA
— «Os Direitos de Reunião e de Manifestação no Direito Português», Almedina, Coimbra, 2006.

HARTMUT BAUER
— «Geschichtliche Grundlage der Lehre vom subjektiven öffentlichen Rechte», Duncker & Humblot, Berlin, 1986.
— «Die Schutznormtheorie im Wandel», in HECKMANN / MESSERSCHMIDT, «Gegenwartsfragen des öffentlichen Rechts», Duncker & Humblot, Berlin, 1988, páginas 113 e seguintes.
— «Altes umd Neues zum Schutznormtheorie», in «Archiv des oeffentlichen Rechts», volume 113, n.º 4, Dezembro de 1988, páginas 583 e seguintes.
— «Verwaltungrechtslehre im Umbruch? Rechtsformen und Rechtsverhältnisse als Elemente einer zeitgemässen Verwaltungsrechtsdogmatik», in «Die Verwaltung – Zeitschrift fuer Verwaltungswissenschaft», volume 25, n.º 3, 1992, páginas 301 e seguintes.

JUERGEN BECKER
— «Urheberrecht und Internet – Praktische Erfahrungen aus dem Bereich der Musik», in JUERGEN SCHWARZE (coorden.) «Regulierung im Bereich von Medien und Kultur – Gestaltungsmöglichkeiten und rechtliche Grenzen», Nomos, Baden-Baden, 2002, páginas 103 e seguintes.

CARLOS BERNAL PULIDO
— «EL Principio de Proporcionalidad y los Derechos Fundamentales», Centro de Estudios Políticos y Constitucionales, Madrid, 2005.

Leonardo Bianchi
— «L' Editoria», in Sabino Cassese (coorden.), «Trattato di Diritto Amministrativo – Diritto Amministrativo Speciale», tomo II, Giuffrè, Milano, 2000, páginas 1141 e seguintes.

Juan María Bilbao Ubillos
— «La Eficacia de los Derechos Fundamentales frente a Particulares. Análisis de la Jurisprudencia del Tribunal Constitucional», Centro de Estudios Políticos y Constitucionales, Madrid, 1997.

Norberto Bobbio
— «A Era dos Direitos» (tradução), Campus, 1992.

Roger Bonnard
— «Les Droits Publics Subjéctifs des Administrés», in «Revue de Droit Public et de la Science Politique en France et à L'Étranger», tomo 49, ano 39, 1932, páginas 695 e seguintes.

Roy Boyne / Ali Rattansi
— «Postmodernism and Society», Macmilan, London, 1991.

Dominique Breillat
— «Les Libertés de l'Esprit», in Serge Guinchard / Michèle Harichaux, «Le Grand Oral: Protections des Libertés et des Droits Fondamentaux (Préparation au CRFPA)», 2.ª edição, Montchrestien, 2004, páginas 203 e seguintes.

Paul Brest / Sanford Levinson / J. M. Balkin / A. Reed Amar
— «About Process of Constitutional Decisionmaking», 4.ª edição, Aspen Publishers, 2000.

Winfried Brohm
— «Die Dogmatik des Verwaltungsrechts vor den Gegenwartsaufgaben der Verwaltung», in «Veröffentlichungen der Vereinigung der Deutschen Staatsrechtslehrer», n.º 30, Walter de Gruyter, Berlin / New York, 1972, páginas 245 e seguintes.

Ottmar Buehler
— «Die Subjektiven öffentlichen Rechte und ihr Schutz in der Deutschen Verwaltungsrechtsprechungen», Kolhammer, Berlin / Stuttgart / Leipzig, 1914.

Laurence Burgorgue-Larsen
— «Libertés Fondamentales», Montchrestien, Paris, 2003.

Sherri L. Burr
— «Entertainment Law in a Nutshell», 2.ª edição, Thompson / / West, Saint Paul (Minnesota), 2007.

Rémy Cabrillac / Marie-Anne Frison-Roche / Thierry Revet
— «Libertés et Droits Fondamentaux», 8.ª edição, Dalloz, Paris, 2002.

Marcello Caetano
— «Manual de Ciência Política e Direito Constitucional», tomos I e II, 6.ª edição, Coimbra Editora, Coimbra, 1972 (reimp.).

Claus-Whilelm Canaris
— «Direitos Fundamentais e Direito Privado» (trad.), Almedina, Coimbra, 2003.

Eugenio Cannada-Bartoli
— «Il Diritto Soggettivo come Pressuposto dell' Interesse Legittimo», in «Rivista Trimestrale di Diritto Pubblico», 1953, páginas 334 e seguintes.

J. J. Gomes Canotilho
— «Tomemos a Sério os Direitos Económicos, Sociais e Culturais», in «Estudos em Homenagem ao Prof. Doutor Ferrer Correia», volume III, Coimbra, 1991, páginas 461 e seguintes.
— «O Direito Constitucional Passa, o Direito Administrativo Passa Também», in «Estudos em Homenagem ao Prof. Doutor Rogério Soares» – Boletim da Faculdade de Direito da Universidade de Coimbra», Coimbra Editora, Coimbra, 2001, páginas 705 e seguintes.
— «Precisará a Teoria da Constituição Europeia de uma Teoria do Estado?», in «Colóquio Ibérico: Constituição Europeia. Homenagem ao Doutor Francisco Lucas Pires», Boletim da Faculdade de Direito da Universidade de Coimbra, Coimbra Editora, Coimbra, 2005, páginas 665 e seguintes.
— «"Brancosos" e Interconstitucionalidade – Itinerários dos Discursos sobre a Historicidade Constitucional», Almedina, Coimbra, 2006.
— «Direito Constitucional e Teoria da Constituição», 7.ª edição, Almedina, Coimbra, 2003.

Gomes Canotilho / Vital Moreira
— «Constituição da República Portuguesa Anotada», 3.ª edição, Coimbra Editora, Coimbra, 1993.
— «Constituição da República Portuguesa Anotada», volume I, 4.ª edição, Coimbra Editora, Coimbra, 2007.

Sabion Cassese
— «Oltre lo Stato», Editori Laterza, Roma, 2006.

FRANÇOISE CHOAY
— «A Alegoria do Património» (tradução), 2.ª edição, Edições 70, Lisboa, 2006.

GEL CHUECA SANCHO
— «Los Derechos Fundamentales en la Unión Europea», 2.ª edição, Editorial Bosch, Barcelona, 1999.

ANTÓNIO MENEZES CORDEIRO
— «Tratado de Direito Civil Português – I – Parte Geral», tomos I (3.ª edição, 2005), II (2.ª edição, 2002), III (2.ª edição, 2007) e IV (2005).

SÉRVULO CORREIA
— «Bases Jurídicas do Património Bibliográfico: Uma Apresentação», in «Leituras – Revista da Biblioteca Nacional», n.os 14 / / 15, Primavera / Outono, 2004, páginas 11 e seguintes.
— «O Direito de Manifestação – Âmbito de Protecção e Restrições», Almedina, Coimbra, 2006.

JEAN-PAUL COSTA
— «Le Respect des Droits Fondamentaux», in «Rivista Trimestrale di Diritto Pubblico», n.º 4, 2002, páginas 905 e seguintes.

BENEDITA FERREIRA DA SILVA MAC CRORIE
— «A Vinculação dos Particulares aos Direitos Fundamentais», Almedina, Coimbra, 2005.

PAULO FERREIRA DA CUNHA
— «Teoria da Constituição II – Direitos Humanos, Direitos Fundamentais», Verbo, 2000.
— «A Revolução Constitucional Europeia – Reflexões sobre a Génese, Sentido Histórico e Contexto Jurídico de um Novo Paradigma Juspolítico», in «Colóquio Ibérico: Constituição Europeia. Homenagem ao Doutor Francisco Lucas Pires», Boletim da Faculdade de Direito da Universidade de Coimbra, Coimbra Editora, Coimbra, 2005, páginas 279 e seguintes.
— «Novo Constitucionalismo Europeu», Almedina, 2005.

PAULO DE PITTA E CUNHA
— «A Constituição Europeia. Um Olhar Crítico sobre o Projecto», 2.ª edição, Almedina, Coimbra, 2004.
— «Reservas à Constituição Europeia», Almedina, Coimbra, 2005.

RÉGIS DEBRAY
— «Introdução à Mediologia» (tradução), Livros Horizonte, Lisboa, 2004.

COSTAS DOUZINAS / RONNIE WARRINGTON / SUSAN MCVEIGH
— «Postmodern Jurisprudence – The Law of Text in the Texts of the Law», Routledge, London / New York, 1991.

GÖTZ DRAUZ
— «Aktuelle Probleme bei der Anwendung des europäischen Wettbewerbsrecht», in JUERGEN SCHWARZE (coorden.) «Regulierung im Bereich von Medien und Kultur – Gestaltungsmöglichkeiten und rechtliche Grenzen», Nomos, Baden-Baden, 2002, páginas 103 e seguintes.

HORST DREIER (coorden.)
— «Grundgesetz-Kommentar», 2.ª edição, tomo I, Tübingen, Mohr Siebeck, 2004.

JOSEF DREXL / ANNETTE KUR (corden.)
— «Intellectual Property and Private International Law – Heading for the Future», Hart Publishing, Oxford / Portland, Oregon, 2005.

MARIA LUÍSA DUARTE
— «A União Europeia e os Direitos Fundamentais – Métodos de Protecção», in «Portugal-Brasil Ano 2000 – Tema Direito», Boletim da Faculdade de Direito da Universidade de Coimbra, Coimbra Editora, Coimbra, 1999, páginas 27 e seguintes.
— «A Carta dos Direitos Fundamentais da União Europeia – Natureza e Meios de Tutela», in «Estudos em Homenagem à Professora Doutora Isabel de Magalhães Collaço», volume I, Almedina, Coimbra, páginas 723 e seguintes.
— «Estudos de Direito da União e das Comunidades Europeias», Coimbra Editora, Coimbra, 2000.
— «Direito da União Europeia e das Comunidades Europeias», volume I, tomo I, Lex, Lisboa, 2001.

JEAN DUBUFFET
— «Asfixiante Cultura» (tradução), Fim de Século, Lisboa, 2005.

LEONARD D. DUBOFF / CHRISTY O. KING
— «Art Law in a Nutshell», Thomson / West, Saint Paul (Minnesota), 2006.

RONALD DWORKIN
— «Taking Rights Seriously», Harvard University Press, Cambridge Massachussetts, 1978.

UMBERTO ECO
— «Obra Aberta» (tradução), Difel, Lisboa, 1989.

— «Os Limites da Interpretação» (tradução), Difel, Lisboa, 1992.
— «História da Beleza» (tradução), Difel, Lisboa, 2005.
— «A Definição da Arte» (tradução), Livros Horizonte, Lisboa, 2006.

T. S. Eliot
— «Notas para a Definição de Cultura» (tradução), Século XXI, Lisboa, 2002.

Volker Epping
— «Grundrechte», 2.ª edição, Springer, Berlin / Heidelberg, 2004.

Guillermo Escobar
— «Intrducción a la Teoría Jurídica de los Derechos Humanos», CICODE Universidade Alacalà, Madrid, 2004.

Louis Favoreu
— (coorden.) «Droit Constitutionnel», 8.ª edição, Dalloz, Paris, 2005.
— (coorden.) «Droit des Libertés Fondamentales», 3.ª edição, Dalloz, Paris, 2005.

Frank Fechner
— «Rechtlicher Schutz archäologischer Kulturguts – Regelungen im innerstaatlichen Recht, im Europa- und Völkerrecht sowie Möglichkeiten zu ihrere Verbesserung», Duncker & Humblot, Berlin, 1991.
— «Medienrecht», 7.ª edição, Mohr Siebeck, Tuebingen, 2006.

Eduardo André Folque Ferreira
— «Liberdade de Criação Artística, Liberdade de Expressão e Sentimentos Religiosos», in «Revista da Faculdade de Direito da Universidade de Lisboa», 2001, páginas 229 e seguintes.

Eduardo Paz Ferreira
— «Desenvolvimento e Direitos Humanos», in «Revista da Faculdade de Direito da Universidade de Lisboa», Volume XLI, n.º 1, 2000, páginas 23 e seguintes.

Peter Fischer / H. B. Koeck / M. M. Karollus
— «Europarecht – Recht der EU/EG, des Europarates und der wichtigsten anderen europäischen Organisationen», 4.ª edição, Linde Verlag, Wien, 2002.

Ernst Forsthoff
— «Die Verwaltung als Leistungsträger», Kolhammer, Stuttgart / / Berlin, 1938.

- «Rechtsfragen der leistenden Verwaltung», Kolhammer, Stuttgart, 1959.
- «Der Staat der Industriegesellschaft», 2.ª edição, Beck, München, 1971.

F. Bastida Freijedo / I. Vilaverde Menéndez / P. Requejo Rodríguez / / M. A. Presno Linera / B. Aldez Corral / I. Fernández Sarasola
- «Teoría General de los Derechos Fundamentales en la Constitución Española de 1978», Tecnos, Madrid, 2004.

Michel Fromont
- «La Justice Constitutionnele dans le Monde», Dalloz, Paris, 1996.

Hans-Georg Gadamer
- «Verité et Méthode – Les Grandes Lignes d'une Herméneutique Philosophique» (versão francesa), Éditions du Seuil, Paris, 1976.

Enrico Giustapane
- «Gli Archivi», in Sabini Cassese (coorden.), «Trattato di Diritto Amministrativo – Diritto Amministrativo Speciale», tomo II, Giuffrè, Milano, 2000, páginas 931 e seguintes.

Helmut Görlich
- «Grundrechte als Verfahrensgarantien», 1.ª edição, Nomos, Baden-Baden, 1981.

Igor Golomstock
- «L'Art Totalitaire (Union Soviétique, IIIe. Reich, Italie Fasciste, Chine)», éditions Carré, Paris, 1991.

Carla Amado Gomes
- «Direito do Património Cultural, Direito do Urbanismo, Direito do Ambiente: o que os Une e o que os Seapara», in «Revista da Faculdade de Direito da Universidade de Lisboa», volume XLII, n.º 1, páginas 353 e seguintes.

Jorge Bacelar Gouveia
- «Os Direitos Fundamentais Atípicos», Editorial Notícias, Lisboa, 1995.
- «Manual de Direito Constitucional», volumes I e II, Almedina, Coimbra, 2005.

Steve Greenfield / Guy Osborn / Peter Robson
- «Film and the Law», Cavendish Publishing, London / Sidney, 2001.

ROBER GRÉGOIRE
- «Vers une Europe de la Culture. Du Thêâtre à l'Action Communautaire», L' Harmattan, Paris, 2002.

SERGE GUINCHARD / MICHÈLE HARICHAUX
- «Le Grand Oral: Protection des Libertés et des Droits Fondamentaux», 2.ª edição, Montchrestien, Paris, 2004.

JÜRGEN HABERMAS
- «Théorie de l' Agir Communicationnel» (trad. franc.), tomos I e II, Fayard, Paris, 1987.
- «A Crise da Legitimação no Capitalismo Tardio» (trad.), 2.ª edição, Tempo Brasileiro, Rio de Janeiro, 1994.
- «Between Facts and Norms» (trad. ing.), Polity Press, Cambridge, 1996.

PETER HÄBERLE
- «Grundrechte im Leistungsstaat», in «Veröffentlichungen der Vereinigung der Deutschen Staatsrechtslehrer», n.º 30, Walter de Gruyter, Berlin / New York, 1972, páginas 43 e seguintes.
- «Auf dem Weg. Zum Allgemeinen Verwaltungsrecht», in «Bayerischen Verwaltungsblätter», n.º 24, 15 de Dezembro de 1977, páginas 745 e seguintes.
- «Verfassungsprinzipien "im" Verwaltungsverfahrengesetz in SCHMITT GLÄSER, «Verwaltungsverfahren – Festschrift für 50. Jährigen Bestehen der Richard Boorberg Verlag», 1.ª edição, Boorberg, Stuttgart/ München/ Hannover, 1977, páginas 47 e seguintes.
- «Verfassung als öffentlicher Prozess – Materialen zu einer Verfassungstheorie der offenen Geselsschaft», Duncker & Humblot, Berlin, 1978.
- «Das Grundgesetz und die Herausforderungen der Zukunft – Wer gestaltet unsere Verfassungsordnung?», in HARTMUT MAURER (coord.), «Das Akzeptierte Grundgesetz – Festschrift für Günter Dürig zum 70. Geburtstag», Beck, München, 1990, páginas 3 e seguintes.
- «Grundrechte in Pluralistischen Gesellschaften – Die Verfassung des Pluralismus», in «Die Verwaltung», volume 26, 1993, páginas 421 e seguintes.
- «Teoria de la Constitución como Ciencia de la Cultura», versão espanhola, Tecnos, Madrid, 2000.

— «Pluralismo y Constitución. Estudios de Teoría Constitucional de la Sociedad Abierta», versão espanhola, Tecnos, Madrid, 2002.
— «La Libertad Fundamental en el Estado Constitucional» (tradução espanhola), Editorial Comares, Granada, 2003.
— «Novos Horizontes e Novos Desafios do Constitucionalismo» (tradução), texto policopiado (intervenção na «Conferência Internacional sobre a Constituição Portuguesa», organizada pela Associação Portuguesa de Direito Constitucional e pelo Instituto de Ciências Jurídico-Políticas da Faculdade de Direito da Universidade de Lisboa, que teve lugar a 26 de Abril de 2006, na Fundação Calouste Gulbenkian).

WILHELM HENKE
— «Das subjektive Recht im System des öffentlichen Rechts», in «Die öffentliche Verwaltung», n.º 17, Agosto de 1980, páginas 621 e seguintes.
— «Wandel der Dogmatik des öffentlichen Rechts», in «Juristen Zeitung», n.º 11, Junho de 1922, páginas 541 e seguintes.

KONRAD HESSE
— «Grundzüge des Verfassungsrechts der Bundesrepublik Deutschland», 20.ª edição, Mueller, Heidelberg, 1995.
— «Derecho Constitucional y Derecho Privado», versão espanhola, Civitas, Madrid, 1995.

JOHAN FRIEDRICH HENSCHEL
— «Die Kunstfreiheit in der Rechtsprechung des Bundesverfassungsgericht», in «Neue Juristische Wochenschrift», 1990, páginas 1937 e seguintes.

JÖRN IPSEN
— «Staatsrecht II – Grundrechte», 8.ª edição, Luchterhand (Kluwer), Muenchen, 2005.

HANS JARASS / BODO PIEROTH
— «Grundgesetz für die Bundesrepublik Deutschland», 8.ª edição, Beck, Muenchen, 2006.

GEORG JELLINEK
— «System der subjektiven öffentlichen Rechte», 2.ª edição, reimpressão, J. B. C. Mohr (Paul Siebeck), Tuebingen, 1919.

WALTER JELLINEK
— «Verwaltungsrecht», 3.ª edição (reimpressão), Verlag Dr. Max Gehlen, Bad Homburg v. d. H. / Berlin / Zurich, 1966.

Jeffrey Jowell / Dawn Olivier
— (coorden.) «The Changing Constitution», 5.ª edição, Oxford University Press, Oxford / New York, 2004.

Alfred Katz
— «Staatsrecht – Grundkurs im öffentlichen Rechts», 16.ª edição, C. F. Müller, Heidelberg, 2005.

Eckart Klein
— «Human Rights of the Third Generation», in Chistian Starck (coorden.), «Rights, Institutions and Impact of International Law According to the German Basic Law», Nomos, Baden-Baden, 1987, páginas 63 e seguintes.

Ludwig Krämer
— «Vom Rechte, das mit uns Geboren – Der Einzelne im Gemeinschaftlichen Umweltrecht» in Ludwig Kraemer / Hans W. Micklitz / Klaus Tonner, «Law and Diffuse Interests in the European Legal Order – Recht und Diffuse Interessen in der Europäischen Rechtsordnung», Nomos, Baden – Baden, 1997, páginas 741 e seguintes.

Ludwig Krämer / Hans W. Micklitz / Klaus Tonner
— «Law and Diffuse Interests in the European Legal Order – Recht und Diffuse Interessen in der Europäischen Rechtsordnung», Nomos, Baden – Baden, 1997, páginas 81 e seguintes.

Peter Krause
— «Rechtsverhältnisse in der Leistungsverwaltung», in «Veröffentlichungen der Vereinigung der Deutschen Staatsrechtslehrer», n.º 45 (Reunião que teve lugar em Munique, de 15 a 18 de Outubro de 1986), Walter de Gruyter, Berlin – New York, 1987, páginas 212 e seguintes.

Gilles Lebreton
— «Libertés Publiques et Droits de L' Homme», 7.ª edição, Armand Colin / Dalloz, Paris, 2005.

Claude Leclerq
— «Libertés Publiques», 4.ª edição, Litec, Paris, 2000

Francisco Ledda
— «Agonia e Morte Ingloriosa dell' Interesse Legittimo», in «Il Sistema della Giustizia Amministrativa – Doppo il Decreto Legislativo n. 80 / 98, e la Sentenza delle Sezioni Unite della Corte di Cassazioni n. 500 / 99», Giuffrè, Milano, 2000, páginas 263 e seguintes.

Koen Lenaerts / Piet Van Nuffel
— «Constitutional Law of the European Union», 2.ª edição, Sweet and Maxwell, London, 2005.

Sanford Levinson / J. M. Balkin
— «Law, Music and other Performing Arts», in «University of Pennsylvania Law Review», volume n.º 139, 1991, páginas 1597 e seguintes.

Pierre Lévy
— «Cibercultura» (tradução), Instituto Piaget, Lisboa, 2000.

José M. Aroso Linhares
— «Entre a Reescrita Pós-Moderna da Juridicidade e o Tratamento Normativo da Diferença ou a Prova como um Exercício de "Passagem" nos Limites da Juridicidade (Imagens e Reflexos Pré-Metodológicos deste Percurso)», Boletim da Faculdade de Direito da Universidade de Coimbra – Studia Juridica, Coimbra, 2001.
— «O Logos da Juridicidade sobre o Fogo Cruzado do Ethos e do Pathos – Da Convergência com a Literatura (Law as Literature) à Analogia com uma Poiêsis-Technê de Realização ("Law as Musical and Dramatic Performance")», in «Boletim da Faculdade de Direito – Universidade de Coimbra», volume LXXX, Coimbra, 2004, páginas 59 e seguintes.

L. López Guerra / Eduardo Espín / J. García Morillo / P. Pérez Tremps / M. Satrústegui
— «Derecho Constitucional», volume I, 4.ª Edição, Tirant lo Blanch, Valencia, 2000.

João Loureiro
— «O Direito À Identidade Genética do Ser Humano», in «Portugal – Brasil Ano 2000 – Tema Direito», Boletim da Faculdade de Direito da Universidade de Coimbra, Coimbra Editora, Coimbra, 1999, páginas 263 e seguintes.
— «Constituição e Biomedicina. Contributo para uma Teoria dos Deveres Bioconstitucionais», volumes I e II, Coimbra, 2003.
— «Os Rostos de Job: Tecnociência, Direito, Sofrimento e Vida», in «Boletim da Faculdade de Direito – Universidade de Coimbra», volume LXXX, Coimbra, 2004, páginas 137 e seguintes.

Pablo Lucas Verdú
— «Teoría de la Constitución como Ciencia Cultural», 2.ª edição, Dykinson, Madrid, 1998.

KLAUS LÜDERSSEN,
— «Produktive Spiegelungen: Recht in Literatur, Theater und Film», 2.ª edição, Nomos, Baden-Baden, 2002.

MARIA CRISTINA SOUSA MACHADO
— «A Liberdade de Criação Artística e o Fomento das Artes: Reflexão sobre o Regime dos Subsídios às Artes do Espectáculo», policopiada (dissertação de Mestrado), Lisboa, 2003.

MIGUEL POIARES MADURO
— «A Constituição Plural – Constitucionalismo e União Europeia», Principia, Lisboa, 2006.

JESSICA MAKOWIAK
— «Esthétique et Droit», L.G.D.J., Paris, 2004.

ANDRÉ MALRAUX
— «La Politique, la Culture», Éditions Gallimard, Paris, 1996.
— «Le Musée Imaginaire», (reimpressão da edição de 1965), Éditions Gallimard, Paris, 2006.

WOLFGANG MARTENS
— «Grundrechte im Leistungsstaat», in «Veröffentlichungen der Vereinigung der Deutschen Staatsrechtslehrer», n.º 30, Walter de Gruyter, Berlin, 1972, páginas 7 e seguintes.

LORENZO MARTÍN-RETORTILLO BACQUER
— «La Europa de los Derechos Humanos», Centro de Estudios Políticos y Constitucionales, Madrid, 1998.
— «Los Derechos Fundamentales y la Constitución a los Veinticinco Años», in «Constitución y Control de la Actividad Administrativa – Cuadernos del Derecho Judicial», n.º 12, Madrid, 2004, páginas 151 e seguintes.
— «Vías Concurrentes para la Protección de los Derechos Humanos. Perspectivas Españolas y Europeas», Civitas, Madrid, 2006.

LORENZO MARTÍN-RETORTILLO / IGNACIO DE OTTO Y PARDO
— «Derechos Fundamentales y Constitución», Civitas, Madrid, 1988.

ANA MARIA MARTINS
— «Alguns Tópicos de Reflexão sobre a Constituição Europeia», in «Política Internacional», Primavera/ Verão, 2002, páginas 240 e seguintes.
— «O Projecto de Constituição Europeia. Contribuição para o Debate sobre o Futuro da União», Almedina, Coimbra, 2004.

- «Os Valores da União na Constituição Europeia», in «Colóquio Ibérico: Constituição Europeia. Homenagem ao Doutor Francisco Lucas Pires», Boletim da Faculdade de Direito da Universidade de Coimbra, Coimbra Editora, Coimbra, 2005, páginas 497 e seguintes.
- «Introdução ao Direito Constitucional da União Europeia», Almedina, Coimbra, 2004.
- «Direito Internacional dos Direitos Humanos – Relatório», Almedina, Coimbra, 2006.

IVES GANDRA DA SILVA MARTINS
- «Direitos e Deveres no Mundo da Comunicação», in «Portugal – Brasil Ano 2000 – Tema Direito», Boletim da Faculdade de Direito da Universidade de Coimbra, Coimbra Editora, Coimbra, 1999, páginas 105 e seguintes.

LEONARDO MARTINS
- «Introdução à Jurisprudência do Tribunal Constitucional Federal Alemão», in JUERGEN SCHWABE / LEONARDO MARTINS (coorden.), «Cinquenta Anos de Jurisprudência do Tribunal Constitucional Federal Alemão», Konrad Adenauer Stiftung E. V., Uruguay, 2005, páginas 33 e seguintes.

MARGARIDA OLIVEIRA MARTINS
- «A Carta dos Direitos Fundamentais da União Europeia e os Meios de Tutela Judicial», in «Estudos em Homenagem do Professor Doutor Joaquim Silva Cunha», Faculdade de Direito da Universidade de Lisboa / Coimbra Editora, Coimbra, 2005, páginas 603 e seguintes.

FRANCISCO J. MATIA PORTILLA (coorden.)
- «La Protección de los Derechos Fundamentales en la Unión Europea», Civitas, Madrid, 2002.

HARTMUT MAURER
- «Staatsrecht I – Grundlagen, Verfassungsorgane, Staatsfunktionen», 4.ª edição, Beck, Muenchen, 2005.
- «Allgemeines Verwaltungsrecht», 14.ª edição, Beck, Muenchen, 2002.

FERDINAND MELICHAR
- «Die Umsetzung der EU-Urheberrechtsrichtlinie in deutsches Recht», in JÜRGEN SCHWARZE (coorden.) «Regulierung im Bereich von Medien und Kultur – Gestaltungsmöglichkeiten und

rechtliche Grenzen», Nomos, Baden-Baden, 2002, páginas 43 e seguintes.

ANDRÉ-HUBERT MESNARD
— «Droit et Politique de la Culture», P.U.F., Paris, 1990.

GARY MINDA
— «Postmodern Legal Movements: Law and Jurisprudence at Century's End», New York University Press, New York, 1995.

JORGE MIRANDA
— A Constituição de 1976 – Formação, Estrutura, Princípios Fundamentais», Petrony, Lisboa, 1978.
— «A Constituição e os Direitos de Autor», in «Direito e Justiça», volume VIII, tomo I, 1994, páginas 47 e seguintes.
— «Manual de Direito Constitucional», tomos I (7.ª edição, 2003), II (5.ª edição, 2003), III (4.ª edição, 1998), IV (3.ª edição, 2000),V (2.ª edição, 2000), VI (1.ª edição, 2001), Coimbra Editora, Coimbra.
— «A Constituição Europeia e a Ordem Jurídica Portuguesa», in «O Direito», n.º 134/135, 2002/2003, páginas 9 e seguintes;
— «A "Constituição Europeia" e a Ordem Jurídica Portuguesa», in «Colóquio Ibérico: Constituição Europeia. Homenagem ao Doutor Francisco Lucas Pires», Boletim da Faculdade de Direito da Universidade de Coimbra, Coimbra Editora, Coimbra, 2005, páginas 537 e seguintes.
— «Escritos Vários sobre Direitos Fundamentais», Principia, Estoril, 2006.
— «Notas sobre Cultura, Constituição e Direitos Culturais», in «O Direito», n.º 138, IV, 2006, páginas 751 e seguintes.

JORGE MIRANDA / RUI MEDEIROS
— «Constituição Portuguesa Anotada», tomo I, Coimbra Editora, Coimbra, 2005.

ISABEL MOREIRA
— «A Solução dos Direitos Liberdades e Garantias e dos Direitos Económicos, Sociais e Culturais na Constituição Portuguesa», Almedina, Coimbra, 2007.

FRANCIS MULHERN
— «Culture / Metaculture», Routledge, London / New York, 2006

JOSÉ CASALTA NABAIS
— «Introdução ao Direito do Património Cultural», Almedina, Coimbra, 2004.

— «Por uma Liberdade com Responsabilidade – Estudos sobre Direitos e Deveres Fundamentais», Coimbra Editora, Coimbra, 2007.

JORGE REIS NOVAIS
— «As Restrições aos Direitos Fundamentais não Expressamente Autorizadas pela Constituição», Coimbra Editora, Coimbra, 2003.
— «Direitos Fundamentais – Trunfos contra a Maioria», Coimbra Editora, Coimbra, 2006.

THOMAS OPPERMANN
— «Europarecht», 3.ª edição, Beck, München, 2005.

PAULO OTERO
— «Vinculação e Liberdade de Conformação Jurídica do Sector Empresarial do Estado», Coimbra Editora, Coimbra, 1998.
— «Legalidade e Administração Pública – O Sentido da Vinculação Administrativa à Juridicidade», Almedina, Coimbra, 2003.

CHRISTOPH-E. PALMER
— «Europäische Regulierungsbestrebungen im Bereich von Medien und kultur aus landespolitischer Sicht», in JÜRGEN SCHWARZE (coorden.) «Regulierung im Bereich von Medien und Kultur – Gestaltungsmöglichkeiten und rechtliche Grenzen», Nomos, Baden-Baden, 2002, páginas 19 e seguintes.

GREGORIO PECES-BARBA MARTÍNEZ
— «Lecciones de Derechos Fundamentales», Dykinson, Madrid, 2004.

ANDRÉ GONÇALVES PEREIRA / FAUSTO DE QUADROS
— «Manual de Direito Internacional Público», 3.ª Edição, Almedina, Coimbra, 1993.

ANTONIO PEREZ LUÑO
— «Los Derechos Fundamentales», 6.ª edição, Tecnos, Madrid, 1996.
— «Derechos Humanos, Estado de Derecho y Constitución», 9.ª Edição, Tecnos, Madrid, 2005.

ISABEL PFEIFFER-POENSAGEN
— «Regulierung der Kultur – Erfahrungen aus der Praxis», in JÜRGEN SCHWARZE (coorden.) «Regulierung im Bereich von Medien und Kultur – Gestaltungsmöglichkeiten und rechtliche Grenzen», Nomos, Baden-Baden, 2002, páginas 73 e seguintes.

BODO PIEROTH / BERNHARD SCHLINK
— «Grundrechte – Staatsrechte II», 21.ª edição, Müller, Heidelberg, 2005.

PAULO MOTA PINTO
— «O Direito ao Livre Desenvolvimento da Personalidade», in «Portugal – Brasil Ano 2000 – Tema Direito», Boletim da Faculdade de Direito da Universidade de Coimbra, Coimbra Editora, Coimbra, 1999, páginas 149 e seguintes.

FRANCISCO LUCAS PIRES
— «Os Novos Direitos dos Portugueses – Explicação e Súmula dos nossos Direitos de Cidadania Europeia», Difusão Cultural, Lisboa, 1994.
— «Introdução ao Direito Constitucional Europeu», Almedina, Coimbra, 1997.

ALESSANDRO PIZZORUSSO
— «Il Patrimonio Costituzionale Europeo», Il Mulino, Bologna, 2002.

JEAN-MARIE PONTIER / JEAN-CLAUDE RICCI / JACQUES BOURDON
— «Droit de la Culture», 2.ª edição, Dalloz, Paris, 1996.

MIGUEL ÁNGEL PRESNO LINERA / BENJAMIN RIVAYA
— «Una Introducción Cinematográfica al Derecho», Tirant lo Blanch, Valência, 2006.

JESÚS PRIETO DE PRIETO
— «Cultura, Culturas y Constitución», Centro de Estudios Políticos y Constitucionales, Madrid, 2004.

MICHEL PRIEUR
— «Préface», in JESSICA MAKOWIAK, «Esthétique et Droit», L.G.D.J., Paris, 2004, páginas V e seguintes.

FAUSTO DE QUADROS
— «Direito das Comunidades Europeias – Contributo para o Estudo do Direito Comunitário Europeu», Almedina, Coimbra, 1984.
— «A Protecção da Propriedade Privada pelo Direito Internacional Público», Almedina, Coimbra, 1998.
— «Direito da União Europeia», Almedina, Coimbra, 2004.

PAOLO RIDOLA
— «Diritti Fondamentali. Un' Introduzioni», Giappichelli, 2006.

FRANCESCO RIMOLI
— «L' Arte», in SABINI CASSESE (coorden.), «Trattato di Diritto

— Amministrativo – Diritto Amministrativo Speciale», tomo II, Giuffrè, Milano, 2000, páginas 1103 e seguintes.

ALAIN RIOU
— «Le Droit de la Culture et le Droit à la Culture», 2.ª Edição, ESP, Paris, 1996.

ANA L. RIQUITO / CATARINA S. VENTURA / VIEIRA DE ANDRADE / GOMES CANOTILHO / GORJÃO-HENRIQUES / MOURA RAMOS / VITAL MOREIRA
— «Carta de Direitos Fundamentais da União Europeia», *Ius Gentium Conimbrigae* / Coimbra Editora, Coimbra, 2001.

ÁNGEL RODRÍGUEZ
— «Integración Europea y Derechos Fundamentales», Civitas, Madrid, 2001.

ALBERTO ROMANO
— «Sulla pretesa Risarcibilità degli Interessi Legittimi: se sono Resarcibili, sono Diritti Soggettivi», in «Diritto Amministrativo», n.º 1, 1998, páginas 1 e seguintes.

DOMINIQUE ROUSSEAU
— «La Justice Constitutionnele en Europe», Montchrestien, Paris, 1992.
— «Droit du Contentieux Constitutionnel», 6.ª edição, Montchrestien, Paris, 2001.

HANS HENRICH RUPP
— «Ungeschriebene Grundrechte unter dem Gesetz», in «Juristen Zeitung», n.º 4, Fevereiro de 2005, páginas 157 e seguintes.

ANTÓNIO MARQUES DOS SANTOS
— «A Protecção dos Bens Culturais no Ordenamento Jurídico Português», in «Estudos em Homenagem ao Professor Doutor Gomes da Silva», Faculdade de Direito da Universidade de Lisboa / Coimbra Editora, Coimbra, 2001.

OLIVER SCHEYTT
— «Kommunales Kulturecht – Kultureinrichtungen, Kulturförderung, und Kulturveranstaltungen», Beck, Muenchen, 2005.

JÜRGEN SCHWABE / LEONARDO MARTINS (coorden.)
— «Cinquenta Anos de Jurisprudência do Tribunal Constitucional Federal Alemão», Konrad Adenauer Stiftung E. V., Uruguay, 2005.

JÜRGEN SCHWARZE
— «Vorwort», in JÜRGEN SCHWARZE (coorden.) «Regulierung im Bereich von Medien und Kultur – Gestaltungsmöglichkeiten und

rechtliche Grenzen», Nomos, Baden-Baden, 2002, páginas 7 e seguintes.
— «Der Schutz des geistigen Eigentums im europäischen Wettbewerbsrecht – Anmerkung zur jüngsten Entscheidungspraxis», in Jürgen Schwarze (coorden.) «Regulierung im Bereich von Medien und Kultur – Gestaltungsmöglichkeiten und rechtliche Grenzen», Nomos, Baden-Baden, 2002, páginas 81 e seguintes.
— (coorden.) «Regulierung im Bereich von Medien und Kultur – Gestaltungsmöglichkeiten und rechtliche Grenzen», Nomos, Baden-Baden, 2002.

José Augusto Seabra
— «Os Direitos e os Deveres Culturais», in «Estudos Sobre a Constituição», 3.º volume, Petrony, Lisboa, páginas 355 e seguintes.

Jorge Pereira da Silva
— «Dever de Legislar e Protecção Jurisdicional contra Omissões Legislativas», Universidade Católica Editora, Lisboa, 2003.

Mário Ramos Pereira da Silva
— «O Regime dos Direitos Sociais na Constituição Cabo-Verdiana de 1992», edição do autor, Coimbra, 2004.

Vasco Pereira da Silva
— «A Vinculação das Entidades Privadas pelos Direitos, Liberdades e Garantias», in «Revista de Direito e Estudos Sociais», ano XIX, II, n.º 2, 1987, páginas 259 e seguintes (também publicado *in* «Revista de Direito Público», São Paulo, Brasil, n.º 82, Abril / Junho de 1987, páginas 41 e seguintes).
— «Comentário ao Acórdão n.º 39 / 84, do Tribunal Constitucional», in «O Direito», Ano 106 / 119, 1974 / 1987, páginas 397 e seguintes.
— «Estruturas da Sociedade: Liberdade e Solidariedade», in «Gaudium et Spes», Rei dos Livros, Lisboa, 1988, páginas 125 e seguintes.
— Jorge Miranda / Vasco Pereira da Silva, «Problemas Constitucionais de Transformação de Empresas Públicas», in «O Direito», ano 120, I – II (Janeiro – Junho), 1988, páginas 45 e seguintes.
— «Património e Regime Fiscal da Igreja na Concordata», in «A Concordata de 1940, Portugal – Santa Sé», in «Direito e Justiça», volume VI, 1992, páginas 149 e seguintes (também publicado in «A Concordata de 1940, Portugal – Santa Sé», Edições Didaskalia, Lisboa, 1993, páginas 133 e seguintes).

— «Em Busca do Acto Administrativo Perdido», Almedina, Coimbra, 1996.
— «O Património Cultural da Igreja», in «Direito do Património Cultural», INA – Instituto Nacional de Administração, Lisboa, 1996, páginas 475 e seguintes.
— «Verdes são Também os Direitos do Homem (Publicismo, Privatismo e Associativismo no Direito do Ambiente)», in «Portugal – Brasil Ano 2000 – Tema Direito», Boletim da Faculdade de Direito da Universidade de Coimbra, Coimbra Editora, Coimbra, 1999, páginas 127 e seguintes.
— «O Contencioso Administrativo como "Direito Constitucional Concretizado" ou "Ainda por Concretizar"?», Almedina, Coimbra, 1999.
— «Ensinar Direito (a Direito) – Contencioso Administrativo», Almedina, Coimbra, 1999.
— «Verdes são Também os Direitos do Homem / Responsabilidade Administrativa em Matéria de Ambiente», Principia, Cascais, 2000.
— «O Património Cultural da Igreja», in «Concordata entre a Santa Sé e a República Portuguesa», Almedina, Coimbra, 2001, páginas 123 e seguintes.
— «"Como a Constituição é Verde..." – Os Princípios Fundamentais da Constituição Portuguesa de Ambiente», in «Nos 25 Anos da Constituição da República Portuguesa de 1976 – Evolução Constitucional e Perspectivas Futuras», Associação Académica da Faculdade de Direito de Lisboa, Lisboa, 2001.
— «Verde Cor de Direito – Lições de Direito do Ambiente», Almedina, Coimbra, 2002.
— «O Contencioso Administrativo no Divã da Psicanálise. Ensaio sobre as Acções no Novo Processo Administrativo», Almedina, Coimbra, 2005.
— «O Património Cultural da Igreja na Concordata de 2004», in «Estudos sobre a Nova Concordata: Santa Sé – República Portuguesa, 18 de Maio de 2004», Universidade Católica Editora, Lisboa, 2006, páginas 193 e seguintes.
— «Bringing the World Together – What Methods of Law Teaching would be appropriate?», in HILMAR FENGE / ANNA GRAMMATIKAKI-ALEXIOU (coorden.), «ELPIS for Europe. The European

and Comparative Dimension of on Law Teaching in Europe», Nomos, Baden-Baden, 2006.
— «Ensinar Verde a Direito – Estudo de Metodologia do Ensino do Direito do Ambiente (em "Ambiente de Bolonha")», Almedina, Coimbra, 2006.

Rhona K. M. Smith / Chistien Van Den Anker
— «Human Rights», Hodder Arnold, London, 2005.

Rogério Soares
— «Direito Público e Sociedade Técnica», Coimbra, Atlântida, 1969.

Marcelo Rebelo de Sousa
— «Direito Constitucional – Introdução à Teoria da Constituição», Livraria Cruz, Braga, 1979.
— «O Valor Jurídico do Acto Inconstitucional», Lisboa, 1988.
— «Lições de Direito Administrativo», volume I, lições policopiadas, Lisboa, 1994/ 1995.
— «Lições de Direito Administrativo», volume I, Lex, Lisboa, 1999.

Marcelo Rebelo de Sousa / José Alexandrino
— «Constituição da República Portuguesa – Comentada», Lex, Lisboa, 2000.

Marcelo Rebelo de Sousa / André Salgado de Matos
— «Direito Administrativo Geral – Introdução e Princípios Fundamentais», tomo I, D. Quixote, Lisboa, 2004.

Marcelo Rebelo de Sousa / Sofia Galvão
— «Introdução ao Estudo do Direito», 5.ª edição, Lex, Lisboa, 2000.

Miguel Teixeira de Sousa
— «A Legitimidade Popular na Defesa de Interesses Difusos», Lex, Lisboa, 2003.

Chistian Starck
— «Constitutional Definition and Protection of Rights and Freedoms», in Chistian Starck (coorden.), «Rights, Institutions and Impact of International Law According to the German Basic Law», Nomos, Baden-Baden, 1987, páginas 19 e seguintes.
— (coorden.), «Rights, Institutions and Impact of International Law According to the German Basic Law», Nomos, Baden-Baden, 1987.

Rudolf Streinz
— «Europarecht», 7.ª edição, C. F. Müller, Heidelberg, 2005.

Cláudia Trabuco
— «O Direito de Reprodução de Obras Literárias e Artísticas no Ambiente Digital», Coimbra Editora, Coimbra, 2006.

Robert Ürpmann-Witzack
— «Doppelter Grundrechtsschutz für die zukünftige Europäische Union», in «Die öffentliche Verwaltung», n.º 4, Fevereiro de 2005, páginas 152 e seguintes.

Vários
— «O Direito do Património Cultural», Instituto Nacional de Administração, 1996.

Manuel Afonso Vaz
— «O Enquadramento Jurídico-Constitucional dos "Direitos, Económicos, Sociais e Culturais"», in «Juris et de Jure – Nos Vinte Anos da Faculdade de Direito da Universidade Católica Portuguesa», Publicações da Universidade Católica Portuguesa, Porto, 1998, páginas 603 e seguintes.

Georges Vedel
— «Manuel Élémentaire de Droit Constitutionnel», Dalloz, Paris, 2002, (reimpressão da edição de 1949)

Fátima Vieira / Marinela Freitas
— (coorden.) «Utopia Matters – Theory, Politics, Literature and the Arts», Editora da Universidade do Porto, 2005.

Martin Vogel
— «Die Reform des Urhebervertragsrecht», in Jürgen Schwarze (coorden.) «Regulierung im Bereich von Medien und Kultur – Gestaltungsmöglichkeiten und rechtliche Grenzen», Nomos, Baden-Baden, 2002, páginas 29 e seguintes.

Uwe Volkmann
— «Veränderungen der Grundrechtsdogmatik», in «Juristen Zeitung», n.º 6, Março de 2005, páginas 261 e seguintes.

Patrick Wachsmann
— «Libertés Publiques», 5.ª edição, Dalloz, Paris, 2005.

Ian Ward
— «Law and Literature», in «Law and Critique» («Springer Philosophy of Law Journal»), volume IV, n.º 1, 1993, páginas 43 e seguintes.

FRITZ WERNER
— «Verwaltungsrecht als konkretiziertes Verfassungsrecht», in FRITZ WERNER, «Recht und Gericht unser Zeit», Carl Heymanns Verlag, Köln/ Berlin / Bonn/ München, 1971, páginas 212 e seguintes.
— «Recht und Gericht unser Zeit», Carl Heymanns Verlag, Köln / Berlin / Bonn/ München, 1971.

JAMES BOYD WHITE
— «Heracles' Bow. Essays on the Rhetoric and Poetics of the Law», University of Wisconsin Press, Madison, 1985;
— «Justice as Translation. An Essay in Cultural and Legal Criticism», The University of Chicago Press, Chicago, 1990;
— «The Edge of Meaning», University of Chicago Press, Chicago, 2001.

ÍNDICE

"A CULTURA A QUE TENHO DIREITO" DIREITOS FUNDAMENTAIS E CULTURA

I

1 – A cultura do Direito. A Constituição como realidade cultural 7

2 – O direito à cultura no tempo e no espaço 27
    2.1 – O direito à cultura "na história". As diferentes "gerações" do direito à cultura 27
    2.2 – O problema dos distintos "níveis" de protecção dos direitos fundamentais (internacional, europeu e estadual). Opção pela perspectiva constitucional de tratamento do direito à cultura 42

3 – A Constituição Portuguesa da Cultura 55
    3.1 – Direito à Cultura e "Estado de Cultura" 59
    3.2 – O direito fundamental à cultura 67
        3.2.1 – A multiplicidade de "faces" do direito à cultura na Constituição Portuguesa (artigos 42.°, 73.°, n.° 1 e 3, 78.°). Direito ou Direitos Fundamentais? Constituição e *status culturalis* 67
        3.2.2 – Configuração jurídica do direito fundamental à cultura: sujeitos, conteúdo, limites e restrições, relações com outros direitos fundamentais 95

4 – O problema da natureza jurídica dos direitos fundamentais na Constituição Portuguesa. A dupla dimensão do direito fundamental à cultura como direito subjectivo e como estrutura objectiva da sociedade 113
    4.1 – Dimensão subjectiva: o direito subjectivo fundamental à cultura 115
    4.2 – Dimensão objectiva do direito fundamental à cultura 130

5 – O regime jurídico do direito à cultura na Constituição Portuguesa. Unidade ou diversidade? 133

6 – Do direito à cultura para o Direito da Cultura (Remissão) 141
    6.1 – Direito Privado e Direito Público da Cultura 141
    6.2 – Direito fundamental e relações jurídicas de cultura. Brevíssima referência às relações jurídicas multilaterais públicas de cultura (v.g. de criação literária e artística, das artes e dos espectáculos; de património cultural) 144

II

Sumários desenvolvidos 147

Trabalhos Práticos de Direito da Cultura (Sugestões de Temas) 157

Bibliografia 161